神と妖怪の防災学

「みえないリスク」へのそなえ

高田知紀［著］
TAKADA Tomoki

法律文化社

はしがき

日本人は、身の回りの環境のなかに実に多様な神や妖怪を生み出し、語り継いできた。この事実を、「防災」という実践的な課題のもとに捉え直し、地域、学校、自治体などでの防災訓練や防災教育、あるいは防災計画策定に向けた新たな視点と方法論を提示するのが本書のねらいである。したがって本書は、神や妖怪への言及に多くの紙面を費やしているものの、民俗学や日本文化論ではなく、あくまで「防災論」の本である。

筆者は土木工学の人間である。さらに詳細な専門を問われたら、「地域計画論」、あるいは市民・行政・専門家など多様な人びとが対話しながら公共事業や地域づくりを進めていくための「合意形成学」であると答えている。では土木工学の分野で合意形成を専門にしている筆者が、なぜ神と妖怪について語るのか。その重要な契機となったのは、新潟県佐渡島での経験である。

わたしは「自然再生事業における合意形成マネジメント」をテーマに学位を取得した。大学院生だった時、新潟県佐渡島をフィールドに、トキの野生復帰事業に伴って新潟県が進めていた「天王川自然再生事業」の合意形成マネジメントに従事していた。天王川は、トキ野生復帰事業の重要なエリアを流れる小さな二級河川である。その自然再生計画について地域住民と議論するなかで、下流域における洪水のリスクに強い懸念を示す声があがった。川幅は数メートルの小さな河川であるが、昔からたびたび氾濫を起こす暴れ川だという認識を地域住民はもっていた。天王川下流域の河岸段丘上には牛尾《うしお》神社が鎮座している。現在の主祭神はスサノオノミコトである。かつては牛頭天王《ごずてんのう》を祀っており、「天王さん」と呼ばれた時代もあった。天王川という名称も、牛頭天王に由来している。細長く伸びた尾根の先端に位置する牛尾神社は、仮に天王川が氾濫しても浸水しない立地にある。過去に天王川が氾濫した時、牛尾神社の境内に避難した人もいたという。牛尾神社を氏神とする潟上《かたがみ》と吾潟《あがた》の集落では、春に行われる「鬼太鼓」という伝統行事のなかで、この牛尾神社に宮入りし、鬼の舞を奉納する。つまり、治水上の重要なポイントに、伝統的なコミュニティ空間としての神社が鎮座しているのである。

天王川自然再生事業の研究プロジェクトに従事するなかで、わたしは神社と災害リスクの関係について強い関心を抱くこととなった。そのような視点で日本各地の神社の立地をみてみると、河岸段丘や海岸段丘、山麓から伸びた細長い台地状の地形、あるいは氾濫原のなかの微高地の上に神社が鎮座しているケースが多いことに気付く。そのような立地にある神社は、河川氾濫や津波が発生したとしても浸水しない可能性が高い。本書はこの事実を、現在の地域防災の実践のなかに位置付けようとする試みである。

もう一つ、妖怪への着目も佐渡島での経験が基礎となっている。前述した天王川は、加茂湖《かもこ》という汽水湖に流入している。その加茂湖には「一目入道《いちもくにゅうどう》」と呼ばれる妖怪が棲んでいると伝わっている。一目入道は、約束を守る人間には加茂湖の豊かな水産資源をもたらす一方で、約束を破る人間に対しては仲間を連れて容赦なく集落を襲うという恐ろしい一面をもつ。集落の人びとは、一目入道が襲ってくると伝わる正月に、加茂湖のほとりにある観音堂に立てこもり、床や壁を叩いて音を鳴らす「目一つ行事」という奇祭を数十年前まで行っていた。

加茂湖は、地域が共同で管理し、資源を獲得するためのコモンズ（共有地）である。持続可能なコモンズを実現するうえでは、適切なルールと規範が共同体のなかで共有・実践されていなければならない。わたしは一目入道の伝承を知った時、妖怪は人びとが自然の資源とリスクを適切にマネジメントするうえでも重要な役割を担っているのではないかという考えをもつに至った。

以上のような経験を端緒として、神と妖怪を自然環境マネジメントの観点で論じるという構想がわたしのなかに生まれた。本書は、特に自然環境のもたらすリスクの側面、つまり神と妖怪という超自然的存在をふまえた災害リスクマネジメントにおける実践的研究の一つの到達点であり、通過点である。前述したように、わたしは土木工学の人間であることから、最も重要な関心は、今を生きる人びとの安全で豊かな暮らしにいかに貢献できるかということである。本書で論じている神話や伝承の考察、あるいは歴史認識については、一面的で不十分な点が多くあることを自覚している。しかし、本書をきっかけに、一人でも多くの人が身近な地域の神社や妖怪伝承に目を向け、安全・安心な暮らしの実現に向けた取り組みを始めてくれるのであれば、著者としてこれに勝る喜びはない。

目次

第Ⅱ部　妖怪と防災教育

第Ⅲ部　神と防災コミュニティ

〔Ｗｅｂ資料〕
法律文化社ウェブサイト（本書紹介ページまたは「教科書関連情報」）に第6章と第7章のカラー図版を掲載している。
URL：https://www.hou-bun.com/01main/ISBN978-4-589-04321-4/document01.pdf

序章　防災における知的資源としての神と妖怪

本書の主眼は、「神と妖怪という目にみえない超自然的存在を語ることは、地域防災の実践でどのような意味をもつか」という問いである。巨大地震や暴風雨などの自然災害は、いつ・いかなる形でやってくるかわからない。そうした脅威に対して、防災の基盤となる地域社会は平時からの備えとして何ができるのか。自然災害発生のメカニズムを科学的に解明・理解し、そのリスクを抑え込もうとすることだけが防災の基本姿勢ではない。本書で論じるのは、古来、人間が自然の脅威に対して抱いてきた畏怖の念と謙虚な姿勢を、どのような理論とプロセスに基づいて、現代社会の地域防災のなかに位置づけるかということである。

キーコンセプトは「みえないリスクへのそなえ」である。このコンセプトはとくに、自然災害に対して、平常時から日常の風景に隠れているリスクのポテンシャルを気にかけることの重要性を表す。本書では、日本の国土のなかで語り継がれる神と妖怪を、防災における「知的資源」と位置づける。「知的資源」という考えで表現するのは、神話や神社の由緒、また妖怪伝承のように、人びとが語り継ぎ、その内容を共有するなかで、暮らしに一定の有益性をもたらしうる知恵や思考のあり方である。たんに「知」や「知恵」ではなく、あえて「資源」という単語を用いるのは、地域のなかで語り継がれてきた神や妖怪にまつわる伝承の背景に、多様な価値を積極的に掘り起こそうとする姿勢からである。神と妖怪という超自然的存在を、「防災」という現代的課題とその解決において明示的に活用していくのである。すなわち、水や風、太陽光などの自然資源と同じように、わたしたちの生きる環境、地域社会のなかにすでに存在しているものを、新たな文脈のなかで資源として変換し、価値を生み出していくというニュアンスを含めている。日本の風土性に根づいた神と妖怪に着目し、科学的な分析・アプローチとは異なる視点から、「語ること」と「祈ること」を通した地域防災の実践に関する知見を提示する。

本書は三部構成となっている。まず第Ⅰ部では、風景論とリスクマネジメント論での議論を中心に、平常時には潜在している風景のなかの多様なリスク要素を認識することについて理論的考察を展開する。そのなかで、日本古来のリスク概念である「わざわい」という言葉に着目しながら、その現代的意義について検討する。第Ⅰ部の議論は、風景論、防災論、言語哲学などの理論的な議論を含んでいるため、地域防災の実践方法に関心をもって本書を手に取った方には、やや迂遠的に感じる内容かもしれない。したがって、地域での具体的な防災プログラムについてまず知りたい場合は、第Ⅱ部、あるいは第Ⅲ部から読み進めてもらうこともできる。しかし、第Ⅰ部での議論が、後の第Ⅱ部、第Ⅲ部での実践論の基礎となっているため、最終的には第Ⅰ部での議論に目を通したうえで、それぞれの実践手法の意義について触れていただきたい。

次に第Ⅱ部では、古くから日本人が語り継いできた妖怪が多様な自然災害への教訓を含んでいることをふまえ、妖怪を活用した新たな防災教育の枠組みを提示する。ここではまず、日本の地域社会のなかで語り継がれてきた妖怪が、山・川・池・里・道・海のそれぞれの場所の特性に根ざしたリスクを表現していることを示す。そのうえで、とくに自然災害に関連すると思われる妖怪伝承を紐解きながら、現代における妖怪伝承の新たな価値について議論を展開している。第4章で論じている「妖怪安全ワークショップ」は、子どもから大人まで、楽しみながら地域の災害リスクポテンシャルを共有するための実践の枠組みであり、どこでも、誰でも、気軽に始めることができる。筆者としては、この手法が、学校での防災教育の機会だけでなく、児童館や図書館での活動、および多様な世代を対象にした地域での防災訓練などで取り入れられることを期待している。

第Ⅲ部では、神社のロケーションが津波や洪水、土砂災害に対して安全性を担保しうる立地特性を有していることを示し、さらに現在において神社空間を防災コミュニティのハブとして活用する事例について紹介する。第Ⅲ部での議論では、戦後日本の政策レベルにおいては、一つの宗教施設として位置づけられてきた神社という空間に、コミュニティ活動における多様な可能性を見出すことになる。わたしたちの身の回りにある大小さまざまな神社が、なぜそこにあるのか、どのような背景をもって神聖な空間となっていったのかということに目を向けることで、わたしたちが安全安心に暮らすうえでの重要な情報を得ることができる。このような点において第Ⅲ部での議論は、地域防災に関心をもつ人だけでなく、神職あるいは氏子総代などの神社の維持・運営に関わる多くの人にも有用な内容を含んでいる。本書では防災をキーワードにして神社空間の多元的価値を論じているが、さらに広く、コミュニティ活動の核として神社を位置づけていくための契機となるだろう。

本書の内容は、わたしがこれまでに関わってきたさまざまな地域でのプロジェクトを中心に議論を組み立てている。また、ある神社や地域などを紹介する時は、わたしが実際にその地に足を運び、地形や景観をこの目でみながら考察したことを記している。すなわち、徹底的に「現場」に根ざした内容とすることを心がけた。そのため、ありとあらゆる場面と場所で適用しうるような理論を提示するものではないものの、地域で防災の実践活動を展開する際のきっかけづくりや、仮説の設定に有益な内容であると考えている。

「防災」というテーマに取り組む学問分野は、今や工学に限られない。さまざまな自然災害の発生頻度や規模をふまえて、技術を駆使しながらいかにして災害を防止するかということだけでなく、災害が発生した後、あるいはその前に、個人や地域社会、行政、国家単位でどのように対処するかという点も重要だからである。また過去の災害の履歴から、今後起こる可能性のある自然災害を予見し、備えていくための知見も、土木工学や地質学といった分野だけでなく、歴史学や考古学においても考察されている。

自然災害がいつ、どこで、どれくらいの規模で発生するかによって、人びとや地域社会の対応は異なる。逆にいえば、自然災害の発生時期と場所、規模がわかれば、それに適切に対処できる。しかし、現時点での最先しかし、最先端の科学的知見をもってしても、自然災害の発生を事前に、正確に予測することは難しい。この事実はわたしたちに次のような事実を突きつけることになる。すなわち、自然災害への対応は、わからないことを前提に組み立てる必要があるということである。わたしたちは、完璧に予測することが難しい自然災害リスクに、平常時からどのように向き合っていけばよいのだろうか。また、自然災害リスクへの対応と教訓を、過去から現在、未来へとどのように引き継いでいけばよいのだろうか。これらの問いに答えることは簡単ではない。しかし、本書を通読してもらうと、神と妖怪という日本の超自然的存在を語ることが、これらの問いに答えるうえで重要な役割を果たすことを知ることができる。

第Ⅰ部　風景のなかの災害リスク

第1章　空間・時間・人間のあいだに立ち現われる風景

1　風景の空間的・時間的構造

物理的環境のみえ方としての風景

「風景」は、わたしたちにとってはきわめて当たり前で自明の現象として広がっている。そのため、日常ではとくに風景のもつ価値を意識することはない。風景の価値を改めて認識するのは、たとえば旅先で絶景に出会ったとき、大規模開発によって慣れ親しんだまちの姿が大きく変化するときなど、何かのきっかけが訪れた場合である。一方で、意識はしていなくても、わたしたち人間は常に風景とともに生きている。たとえ目を閉じていても、耳や鼻、皮膚の感覚として自身の身体を包み込む環境の姿を感じている。「サウンドスケープ」や「スメルスケープ」という語が表すように、風景はたんなる視覚的な現象ではなく、肉体をもつ人間が全感覚的に知覚する環境の姿である。

「風景」の概念規定に関しては、これまでにも土木工学、建築学、造園学、地理学、哲学など多様な分野で議論されてきた。しかし、それらの議論を通じて、「風景」概念についての確固たる定義が示されたわけではない。むしろ、「風景という言葉をどのような文脈で取り扱うかによってさまざまな理解や捉え方が可能である」という認識については異論がないように思われる。そこで本書では、日常のなかのごくありふれた風景体験の記述から考察を深めていきたい。

まず、わたしがある風景を眺めているとき、わたしはどこかの具体的な場所に身を置いている。どこかの具体的場所というのは、地球という惑星のなかのどこかの土地に、わたしの身体はかならず位置しているという意識である。わたしが現在この文章を書いているのは、地球という惑星のなかのアジア地域に含まれる日本という島国の本州という陸地で、兵庫県神戸市と名付けられたエリアに建つ住宅の二階である。目の前にはブラインドの閉まった窓、その手前に丸いテーブルがあり、その上には今朝届いた宅配便の段ボールが置かれている。さらにその手前にはノートパソコンの画面があり、その下のキーボード上にはわたしの両手が載っている。わたしは目の前の手を引っ込めてみえないようにできるし、テーブルの上の段ボールも自由に動かすことができる。さらに少し移動して窓から外を眺めると、そこには街路の樹木といくつかの住宅の屋根がみえ、さらにその向こうに明石海峡大橋の橋脚の一部と淡路島を望むことができる。淡路島をもっとみたいと思えば、家の外に出て坂道をあがり、眺望の開けた広場に行くとよりはっきりと淡路島をみることができるし、明石海峡大橋の二本の橋脚をみることもできる。窓から隣の住宅の屋根をみないようにするために、自分の手で隠すこともできるし、あるいは屋根が隠れるように背の高い家具を窓際に置くこともできる。

きわめて当たり前のことだが、風景の最も基本的な空間構造は、風景を眺める主体の目を中心に、その視線の方向と視野のなかの環境が、その主体の視力に応じてみえているということである。風景を眺める主体は自ら移動することによって、みえるものみえないものをある程度取捨選択できる。さらに、奥にあるものは、それよりも手前にあるもので隠すことができる。景観工学の分野では、このように常に風景をみる視点の場所とその周辺の環境（視点場）、眺めのなかで主題的に捉えられる対象（主対象）とその周辺の環境（対象場）、さらに対象の周辺の要素（副対象）のそれぞれの要素間の関係を念頭に空間のデザインが実践される（篠原 一九八二）。

時間軸をもつ人間と環境の出会うところ

眼前にどのような風景が広がっているかということは、物理的な条件だけによって規定されるわけではない。次の二つの意味においての時間的条件によっても風景は規定される。一つは、眺める対象としての環境の時間的変化である。眼前の環境は、時間の流れに伴って姿を変える。朝と夜とでは異なり、また季節の移ろいや天候によっても変化する。千年前の環境と、現時点での環境は当然異なり、自然現象や人為的改変などによって、その姿形やみえ方がまったく同じ状態を保つことはない。

　二つ目は、眺める主体の来歴という意味での時間的条件である。ある時点、ある地点で風景を眺めているその人が、どのような経緯でその場に立っているかということもまた影響するのである。たとえば、わたしが二〇二二年一月二六日の午後四時に、神戸市須磨区にある多井畑厄除八幡《たいのはたやくよけはちまん》という神社の境内に立ち、拝殿から本殿を眺めている。この時点で多井畑厄神の境内に身を置いて本殿を眺めているのは、午後一時からの多井畑自治会館での会議に参加し、その帰り道に思い立って参拝したからである。なぜわたしが多井畑自治会館での会議に参加していたかというと、兵庫県立大学に所属する研究者として、今後の多井畑地区の地域づくりについて神戸市と地域住民とともに取り組んでいくためである。さらに、わたしが兵庫県立大学という機関に所属し、地域づくりに関わるようになったのも、わたしの経歴のなかのさまざまな出来事や行動の結果である。

　このように、ある時点でわたしの目の前に広がっている風景は、わたしが生まれてから体験してきたありとあらゆる事象と自身の行動の積み重ねの結果として広がっているのである。具体的に人びとが風景を眺めているとき、その人は地球上のどこかの土地で生まれ育ち、そのライフヒストリーのある時点において、ある地点に立っている。言い換えれば、目の前に広がる風景は、自身の履歴の帰結なのである。

　さらに眺められている環境そのものもさまざまな来歴をもって現在の姿形をなしている。地球上の太平洋プレート、フィリピン海プレート、北アメリカプレート、ユーラシアプレートという四つのプレートが接する場所に日本列島が形成された。日本列島に人類が住み始めて以降、さまざまなエリアやスケールで、時々の為政者が統治を行ってきた。わたしが現在身を置いている神戸という場所は、その列島のなかでかつては摂津国と播磨国と呼ばれたエリアが含まれる。一八八九年市制の施行により「神戸市」という行政単位が誕生した。二〇二二年一月二六日の午後四時にわたしが立っていた多井畑厄除八幡神社は、七七〇年に摂津と播磨の国境に、疫病を鎮めるための疫神を祀って建立された神社である。以降、多井畑集落の人びとが中心となって維持管理し、多くの人びとの崇敬を集めてきた。一九九五年の阪神・淡路大震災などの自然災害に遭いながらも、今もなお神職や氏子の人びとがメンテナンスを施しながら現在にその姿をとどめている。以上の例からわたしが述べようとしているのは、ある具体的な環境は、人間と自然環境との関わりの歴史的蓄積があるということである。そのような空間に刻まれた歴史性を、哲学者の桑子敏雄は「空間の履歴」という概念で表現した（桑子一九九九）。

以上のような風景をめぐるごく日常的な体験に基づく考察から、風景の空間的・時間的な基本構造が明らかになった。目の前にどのような風景が広がっているかということについては、眺めている主体がどのような物理的条件の地点に立っているかということに加えて、その人自身がどのような経緯でその場に辿り着いたか、さらに眺めの対象となる環境がどのような履歴をもっているかということと切り離して考えることができない。言い換えれば風景は、履歴をもった眺める主体と、履歴をもった空間とが交差する領域で生成しているのである。

2　みえているものをそのままみているのではない

眼前の風景のなかで主題化される要素　複数の人が同じ場所に立って同じ風景を眺めていたとしても、その人びとが風景に対して抱く印象はさまざまである。たとえば、海岸に立って海を眺めた場合、釣りが好きな人は突堤や防波堤の構造に注目し、サーフィンが趣味の人は波の状況を観察する。子どもたちは砂浜で走り回り、過去に海で溺れた経験のある人は恐怖感を覚える。

また、風景のなかのある特定の物や領域が主題的に捉えられる場合もあれば、風景をみていてもそれがまったく意識の中心とならず、背景として溶け込んでしまう場合もある。風景そのものが主題化される場面としては、たとえば旅先で美しい風景に出会ったり、見慣れた風景のなかにいつもと異なる要素が含まれていたり、あるいは環境のある部分が関心の対象となった場合などが考えられる。

風景を眺める場合、人によって、あるいはタイミングによってその印象がさまざまであるのは、人びとが自身の関心や嗜好性によって眼前の対象物を選り分けて知覚しているからである。中村良夫は、人びとが知覚する環境の姿としての風景を「人間をとりまく環境のながめ」であると定義している（中村 一九七七）。斎藤潮は中村による風景概念の定義をさらに詳細に考察するなかで、「ながめ」は⑴外的環境、⑵外的環境から網膜が受け取った刺激群、⑶刺激群に一定の脈絡を見出すために特定の刺激をより分ける人間の内的（主観的）システム、の三つの要素の連携によって成り立っていると論じている（篠原ほか 二〇〇七）。人間は内的システムを介して空間を知覚するため、たとえ同じ場所から同じ対象をみていたとしても、自身の関心や興味に従ってそのながめは異なるのである。

清水真木は、風景の経験とは「注意を惹きつける何かが地平から姿を現すことによって惹き起こされる視界の不可逆的な組み換え」であると論じている（清水 二〇一七）。ここで論じられている「地平」とは、人間が何かに意識を向けている時に、その他の「非主題的」なありとあらゆる事象のことを示している。つまり風景体験は、非主題的な土台としての「地平」から、何かしらの形で風景体験の主体の注意が特定の対象に向けられることを要求するのである。

みえていないものも知覚している

わたしたちは、みえているものだけをみているわけではなく、みえていないものについても日常的に当たり前にその存在を知覚している。たとえば、初めて訪れた場所に写真１−１のような椅子が一脚置かれていたとする。わたしが立っている場所からは手前の三本の椅子の脚がみえている。しかし、わたしはこの椅子が三本の脚で支えられているとは通常考えない。当然、みえていない向こ

写真１−１　脚が３本しかみえていない椅子

う側にもう一本の脚があり、四本の脚でこの椅子は床に置かれていると考える。それはわたしたちが、「椅子」というものが一般的に、人間が座るための道具で、多くの場合に平らな座面を四本の脚で支えるという構造をもっていることを経験的・知識的にすでに知っているからである。

　このように、あるものを知覚する際に、実際に直接的にみえているものを通り越して、そのものの全体像をあらかじめ認識する構造については、現象学の文脈でフッサールが、「志向性」という概念を用いて考察している（フッサール　一九六五）。フッサールが「志向性」という概念で論じたのは、わたしたちは通常、直接的に目でみているものの状態（椅子の脚が三本しかみえていない状態の物質）を意識することなく、そのものの全体像（人間が座るために通常は四本の脚で支えられる椅子という道具）を知覚しているという事実である。すなわち、椅子をみている時、わたしたちの意識は、「脚が三本しかみえていないが向こうにまわって確認すると四本あることが確認できるから、安定していて、腰をかけても大丈夫だろう」と順番に理解して行動するのではなく、最初から「四本脚の座るための道具」という椅子に向けられているのである。

　他の例を考えてみよう。初めて訪れた地域で、目の前になだらかな小高い丘陵の稜線が続いており、その向こうに高層ビルの上層部が少しみえている。この場合、その丘の向こうには、住宅やビルが立ち並ぶ市街地が広がっていることを想像する。想像される市街地の姿は、その風景を眺めている人それぞれによって異なるものの、大きな湖の真ん中に高層ビルが建っていると考える人はほとんどいないだろう。わたしたちはとくに意識をしなければ、それまでの自身の体験のなかで出会った高層ビルのある環境と照らし合わせながら、「高層ビルというのは市街地のなかに建っているもの」と考えているからである。そこで、小高い丘の向こう側を望む場所に移動して、実際に市街地が広がっていれば、とくに違和感を抱くことなくその風景を受け入れる。一方で、湖の真ん中に高層ビルが建っていた場合には、驚き、直前までの自身の想像した風景を修正するであろう。

具体的な環境のなかに身を置いて風景を体験している場合、たんに目の前にみえているものだけを刹那的・断片的にみているのではなく、視線を動かし、身体を移動させながら、不断に現れる環境の姿をわたしたちはつなぎ合わせてその全体像を把握する。また、いまだにみえていない部分に関しても、それまでの自身の経験や知識、あるいは文化や習慣、社会通念などをもとに、一定の手がかりをもちながら、「その先」を想像して風景を知覚している。まちなかの道路の曲がり角の先にはまだ道が続いていると思って歩き、ウォーキングの最中に「公園まで三〇〇メートル」という案内板をみれば「そこで休憩できる」と考える。

桑子敏雄は、その先の空間に一種の期待感を抱き、誘われる感覚をもつことが、日本語の「奥ゆかしい」という表現と関係していると論じている。現実の風景には奥深さがある。奥深いものをみたい、知りたいという気持ちが「ゆかしい」という感情であり、その感情が「奥行きをもつものと自己の心の奥行きとを結びつける」のである（桑子 二〇〇一）。

一方で、その先に「行きたくない、行ってはならない」という感覚を抱く場合もある。立ち入り禁止の看板が立っている場所、ぬかるんだ地面、ごみが散乱し悪臭が漂っていそうな空き家、激流の河川などには多くの人が近寄ろうとは思わない。ほかにも、注連縄《しめなわ》が巻かれた巨木、心霊スポットとして有名なトンネル、過去に凄惨な事件が発生した場所などは、実質的に危険を伴うわけではないにしろ、その環境の背景やストーリーを知る人にとっては、畏怖・恐怖心とともに「近寄りがたさ」をもつ風景となる。

以前に、街路での迷惑行為に関するアンケート調査を実施した。この調査は、一つの共通する状態の街路の写真に、⑴なにも設置されていない、⑵監視カメラが設置されている、⑶小さな鳥居がある、⑷地蔵がある、⑸道路脇に花束が置かれている、という五つのバリエーションをもたせ、被験者にそれぞれの写真をみせたうえで、ごみのポイ捨て、自転車の路上駐輪といった迷惑行為を実行するかどうかを問うものであった。その結果、想定通りに「⑴なにも設置されてない」よりも残りの⑵から⑸のパターンの方が迷惑行為を実行する人は少なくなった。そのなかでもとくに「⑸道路脇に花束が置かれている」パターンで迷惑行為の著しい減少がみられた。一般に、交通事故によって死者が出た現場に、その供養のために花束が置かれることがある。被験者は一枚の写真からそのことを想起し、「花束が置かれている交差点」という物理的環境の背後に、そこで亡くなった人の存在を意識し、多くが迷惑行為を控えたのである。

以上の議論をふまえると、目の前に広がっている風景を眺めるという行為は、きわめて多様で複雑な側面を有していることがわかる。これまで景観工学の分野で議論されてきたように、眺める主体の関心に沿って、風景を構成する物理的要素が取捨選択され知覚されているというだけではない。わたしたちは、そこに物理的に存在していないものについても気を向けている。それは、まだみえていない場所を想像しながらみることであり、さらにみえている場所で発生した事柄、場所に紐づいた物語もふまえて、眼前の風景を眺めている。つまり風景体験は、みえているものをそのままにみているわけではないということである。

3　「立ち現われ」への還元

社会集団のなかで共有される風景像

人びとがそれぞれの視点によって、さまざまな感情を伴いながら知覚する風景は個別的なものであって、多数の人びとの間で共通性はみられないかというと決してそうではない。わたしたちはふつう、住みなれたまちについては地図や写真をもたなくとも、ある特定の場所について語り合い、道順の説明を聞いて理解することができる。まちなかのすべての建築物や道について記憶することはなくても、一定の地理的な手掛かりをもとに、まち全体の骨格や各エリアの位置関係については、その土地に住んでいる人びとは共通の認識をもっている。

アメリカで都市デザインについての研究を展開したケビン・リンチは、人間が都市空間の構造を認識する場合の重要な手掛かりとなるものは「環境のイメージ」だと述べている（Lynch 1960）。環境のイメージとは、個々の人間における過去の経験と現在の知覚の両者から生じるもので、人びとが物理的外界に対して抱く総合的な心像のことである。そのようなイメージが、不特定多数の人びとの間で共有される場合があると主張する。リンチはこれを「パブリック・イメージ」と呼ぶ。

また、「空気の澄んだ夜に六甲山から眺めた神戸の街の夜景がきれいだった」という感想についても、神戸に住んでいる人、あるいは神戸という土地を知っている多くの人の共感を得ることができるだろう。多くの人びとがそのイメージや価値を共有できる風景は、神戸の六甲山からの夜景のような現実に存在する風景だけではない。たとえば、「極楽浄土」「地獄」「三途《さんず》の川」などといえば、日本人の多くはその環境のイメージを想起することができる。これらの環境のイメージは、細部についてはそれぞれ想起する人で異なるものの、そのおおまかな空間構成や印象も含めて、人びとの会話のなかで具体例を示すまでもなく認識を共有できる。天国や極楽では「明るい」「幸せ」といった印象が付随し、逆に地獄や三途の川では「暗い」「恐ろしい」といった印象がセットとして語られる。

中村は、ある空間に対するイメージが多数の人びとに共有される現象を「風景の集団表象」という考え方で説明している（中村 一九八二）。これは前述したように、特定の社会集団、あるいは文化圏内で暮らしている人びとのあいだで風景イメージが共有されている現象を意味する。中村は、共通の風景イメージとその名称を媒介して人びとが語り合い、互いに結びつけられると述べている。したがってそれは、特定の集団内で通じる言語のような性格をもっているのである。

風景を眺めているのは個々の人間の目である。個々の人間によってみられているのは、地球という惑星のなかで自然が形成してきた土地が人間社会の営為の影響を受けながらできた物理的な環境である。その環境の姿形について、わたしたちの目の網膜が刺激を受け、脳内で像を結ぶ。それだけでなく人は、自身の経験や所属する社会の文化・習慣などをもとに、大小のさまざまな感情を伴って風景を眺めている。それは他から切り離された個人的主観的な経験なのではなく、日常の語りや芸術作品、メディア、教育などのさまざまなコミュニケーションを通じて、ある社会集団のなかでも共有される。このように考えると、実際に具体的な環境のなかに身を置いて風景を眺めるという行為は、個人的であり集団的、主観的であり客観的、さらに自然的であり社会的であるといえる。

個人・集団・主観・客観・自然・社会がまじわる地平としての風土性

個人・集団・主観・客観・自然・社会をそれぞれ分けて考えるのは、わたしたち人間が便宜上そうしているだけであり、実際に生きている世界においては本来的にはそれらの要素は未分化である。わたしたちは純粋に個であると同時に、直接的にも間接的にも他者と関係しながら生きているという点で集団的である。また会社や組織などの集団も、それを構成する個の人間の存在をそもそも前提としている。主観的な意見を述べているようで、実はその主観にもさまざまな客観的事実が含まれていたり、影響を受けている。科学論文できわめて客観的な記述をしたとしても、その論文を書いている人間は存在し、その主観を完全に捨て去ることはできない。さらに自然についても、地球という一つの惑星のなかで、自然環境と人間社会は相互に大小さまざまな影響を与え合っている。

このように、人間はまず一次的に、さまざまな事象や諸要素が未分化の現実を生きているということについて議論を展開したのは、フランスの地理学者のオギュスタン・ベルクである。ベルクは、個人・集団・主観・客観・自然・社会が未分化の一次的な状態を「通態的（trajective）」という概念で表現した（ベルク 二〇〇二）。

ベルクが主張したのは、現実のすべての事象は自然的・文化的・主観的・客観的・集団的・個人的の一つ一つが、残りの五つの性質を帯びているということである。一つの用語が単体で存在することはなく、あるとすれば、それは抽象のレベルである。わたしたちが実際に生きているこの現実のなかの事象は、それぞれの用語を極として、その間で「相互生成的」に、あるいは「可逆往来的」に成立するのである。風景の問題をたんに物理的環境の姿として捉えるのではなく、それを眺めている主体の意識や心理、さらに社会の習慣や文化も含んだものとして捉えようとする場合、「通態的」な事象のあり方はきわめて重要な意味をもつ。

ベルクが以上のような着想に至ったのは、日本の哲学者・和辻哲郎の風土論に触発されたことをきっかけとしている。和辻は、著書『風土』のなかで、「人間存在の構造契機としての風土性」を明らかにしようとした（和辻 一九七九）。「風土」という言葉は、わが国の古典である「風土記」にもみられるように、古い時代から存在する。現代においては一般的に、気候、地形、景観などの自然環境を表すと同時に、そこに住む人びとや地域社会の特徴を含んだ、いわば「その土地の雰囲気」とでも言うべき意味で用いられる。

和辻は『風土』のなかで「ここに風土と呼ぶのはある土地の気候、気象、地質、地味、地形、景観などの総称である」と述べている。この定義を見る限り、「風土」と「自然環境」とは同じ意味をもつように思える。しかし和辻は、客観的に自然環境が存在するわけではなく、人間によって生きられている環境は常に歴史的であると述べている。また歴史についても、環境を離れた歴史というものは存在しない。すなわち風土は歴史的であり、歴史は風土的なのである。

そのような風土のなかを生きているわたしたちは、自身の身体、それに身体が置かれている環境を離れて生きることができず、まず根源的に身体的であり環境的な存在である。身体的な存在としての人間は常に他者との関係のなかにある。もし仮に他者が存在せず、自分の意識のみが存在するというのであれば、そもそも自己や自我というものを取り出して考えることはできない。この点において和辻は、人間存在はまず「間柄」であると述べる（和辻 二〇〇一）。

ベルクは、和辻の議論を基礎として、風土を「ある社会の、空間と自然に対する関係」と定義した（ベルク 一九九二）。また、日本の土木工学の分野における風土の解釈については、藤井聡が「自然と人々におけるさまざまな関わりの総体」であると述べている（藤井 二〇〇六）。つまり風土とは、ある土地における人びとと自然との第一次的な関わりのあり方である。その風土のあり方が「風土性」である。人間が概念上で区別している自然環境、社会、人びとの心理状態などは、本来は風土において一なるものである。さらに、風土は現在において利那的に存在するものではなく、連綿と続くその土地の歴史の上に形成される。

風景の問題は、通態的な事象として捉えられる。通態的な事象のあり方は、「ある土地における人びとと自然との第一次的な関わりのあり方」としての風土性を基礎としている。言い換えれば、風景の問題は、「風土的存在」としての人間の問題として扱うことができる。風土的存在としての人間が触れるさまざまな事象は通態的である。したがって、物と事、物と意識、身体と意識、さらに事実と虚構などを分けて考えることができないのである。

風景は知覚されるのではなく「立ち現われる」

以上の議論では、風景は「知覚される」対象として論じてきた。しかし、ある風土性のなかの通態的な事象として風景の問題を取り扱おうとすれば、必ずしも「知覚する」という表現が最適ではないように思われる。なぜなら、「風景を眺める主体」が「客観的に存在している眼前の風景を一方的にみている」ということ以上に、個人の嗜好性や経験、あるいは特定の社会集団の文化や習慣、言説などに基づき、人びとの眼前の風景はさまざまな様相を呈するからである。では、風景は「知覚する」でもたんに「みる」でもなければ、どのような動詞で取り扱うことができるだろうか。ここでは、大森荘蔵の「立ち現われ」という概念にふれてみたい。

大森は「ことだま論」という論考のなかで、対象と表象、物と心、という二元論を退けながら、じかに「立ち現われる」ことについて論じている（大森 二〇一五）。たとえば、いまわたしは神戸ポートタワーのみえる場所に立っている。目の前のポートタワーは大規模改修工事のために足場で全体を覆われており、タワー自体をみることはできない。しかし、わたしは足場で覆われる前の、細長い砂時計のようなフォルムの赤い鉄骨でできたポートタワーの姿をいつでも思い浮かべることができる。この時、風景として存在しているのは目の前の足場に覆われたポートタワーであり、足場のカバーが風に揺れる様子を実際にみることができ、さらに工事区域への立ち入りが許された場合には、改修中のタワーそのものにふれることも可能である。足場で覆われたポートタワーの姿を、目の前に実際に存在する対象としてわたしは知覚していることになる。

一方で、わたしがいつでも思い出すことのできる赤く細長い砂時計のようなポートタワーそのものは、実際に手で触れることもできず、もしかしたら実際のタワーの構造と細部が異なっているかもしれない。それは、過去の経験をもとに、たんにわたしの脳内で結ばれた像であり、「本物のポートタワーではない」といえるだろうか。この考え方は言い換えれば、本物のポートタワーは目の前の改修工事中のもの以外に存在しえず、わたしの頭のなかに浮かんだ過去のポートタワーの姿はたんなるイメージであり、コピーであるということになる。あるいは、実際に目の前にある工事中のポートタワーも、そこから得られた刺激をもとに人間は脳内でイメージを結んでいることから、対象でさえも、イメージを通して知覚していると主張することも可能である。

目の前の工事中のポートタワーを「対象」、頭のなかに浮かんだ以前のポートタワーを「像（イメージ）」あるいは「表象」として、二元的に物事を考える構図を、大森は「誤ってはいないまでも適切ではない」と述べている。眼前のポートタワーも、わたしが想い起こしたかつてのポートタワーも、対象／表象という形で区別することなく一元的に「じかに立ち現われている」のである。さらに、実際の対象に対する知覚風景は「知覚的立ち現われ」であり、過去や未来の出来事、あるいは実在しないものを想い起こす場合は「想い的立ち現われ」として、どちらもじかに立ち現われるという興味深い考え方を大森は示している。

この立ち現われに真偽の区別はない。たとえば、オバケが出るという噂の場所を怖がる人に対して、「オバケは科学的に存在を証明できず、実在しないので、この場所を怖がることは間違っている」と断ずることはできない。なぜなら、その時、その瞬間、その人には実際に「オバケが出る怖い場所」が想い的に立ち現われているからである。大森は、「すべての立ち現われはひとしく存在する。夢も幻も思い違いも空想も、その立ち現われは現実と同等の資格で存在する」と述べている。

わたしたちが風景を眺めている最も原初的な状態では、そこに何が、どのようなあり方で存在しているのかということを意識していない。人混みのなかを歩いている時に、ある特定の人の顔が意識されるのは、たとえば知り合いに似ていたり、あるいは自分と同じ帽子を被っていたり、何かのきっかけをもとに、その人の顔や表情、身に着けているものが何であるかということを意識し、知覚する。それ以前の状態では、人混みのなかの多くの人の顔を、みていないわけではないが、自身の意識や記憶に定着するような仕方でみているのではない。

ここで「原初的な状態」と述べたのは、人びとがみる風景をどのように分析、評価、デザインするかという問題意識が生じる以前の状態という意味である。すなわち、日常の暮らしのなかで、建物内や道路、公園などさまざまな場所にいるときに、目の前に広がっている輪郭や主題のはっきりとしていない風景である。あるいは目を閉じていたとしても、その人の身体がこの宇宙空間のどこかに位置していて、五感のいずれかの感覚によって、自身の身体が位置している環境を感じ取っている状態である。ある目的や関心をもって眺める風景ではなく、日常を暮らすなかで常に出会っている風景を対象としている。あるいは、目的や関心をもって分析的にその風景を眺めていたとしても、そこに、風景を眺めている主体の意志や意図、感情などが入り込む余地があるのであれば、それはここで述べている「原初的な状態」であるといえる。

たとえば、道路の建設工事によって注連縄が巻かれた一本の巨木を伐採する必要があるとする。この木は、希少な樹種ではなく、老木のため樹勢も弱っている。計画された道路の工事に支障になるだけでなく、台風などの強風で枝や幹が折れ、通行人に危険が及ぶ可能性もある。市民の交通の利便性と安全性の観点から、また道路整備の効率性と経済性の観点から、この巨木を伐採したうえで道路を整備することは一定の合理性をもった判断であるといえるだろう。しかし、そのように理解したとしても「かつてこの木を伐ろうとした人が原因不明の病で亡くなった」という噂を耳にすれば、実際に伐採作業に携わる人びとの心に迷いが生じることも理解できる。この場合、工事関係者の人びとの前には、「道路整備の阻害要因としての樹木」という知覚的な立ち現われだけでなく、「神聖で、もしかしたらこの木を伐ることで自身の身に何かよくないことが降りかかってくる可能性を含んだ風景」が想い的に立ち現われている。

これらの二つの意味での風景は、立ち現われとして存在している。後者の想い的立ち現われについて、「それは科学的に立証できないことであるので、事実ではなく、存在もしない」と断ずることはできない。いえるとすれば、未来において「それは勘違いとして想い的に立ち現われていた」ということだけである。それも、そういうためには、実際に工事に携わった人が全員無事でなければならない。偶然であったとしても、木を伐採した後に誰かが病気や怪我をすれば、「木を伐ることで自身の身に何かよくないことが降りかかってくる可能性を含んだ風景」という想い的立ち現われは、関係者に保持されるであろう。大森の言葉によれば、「正しい、誤り、が何かわたしと関わりのないところで定まり、それをわたしが知覚的に検証する、というのではなく、知覚に導きうることそのことが正しいということ」なのである。実在するものだけでなく、夢も物語も勘違いも等しく現実として存在する。それらの立ち現われがさまざまな同一体制の下に慣習的に組織され、その組織に参入した立ち現われが「実在する」立ち現われであり、その組織にあぶれて孤立する立ち現われが「実在しない」虚妄の立ち現われと呼ばれるのである。そのような組織は、科学が発展するとさまざまなことが明らかになり、過去に事実として話されていたことが改められるように、常に再編されていく。人間が「生きる」という実践のなかで、真理や実在が選別的に定義されるのである（大森 二〇一五）。

以上、本章の議論を総括して、風景を時間・空間・人間のあいだに「立ち現われる」ものとして還元することの重要性を主張したい。風景は、時間軸をもつ人間と空間が出会う所に生成する。さらに風景を眺めているのは他から切り離された純粋な個としての存在ではなく、さまざまな他者や環境、文化などと触れ合いながら自己を形成している「間柄」としての人間存在である。間柄としての人間存在は、個人・集団・主観・客観・自然・社会が未分化な「通態的」な現実を生きている。この通態的な現実のなかでは、実在が証明できるものだけでなく、虚妄と呼ばれるものごとも等しく「立ち現われ」として存在している。風景を分析的な視点で考えるのではなく、わたしたち人間が生きているなかでの自明のこととして考えようとすると、「時間・空間・人間の間に立ち現われる風景」という視点をもたなければ、その本質をみることはできない。この考え方を足掛かりとして、次章以降の議論では、日常的には顕在化していないリスク、さらに妖怪や神について語ることの防災学上の意義について考察を展開する。

第2章　語ることによる災害リスクマネジメント

1　災害リスクマネジメントの意義

日常風景に潜在しているリスク

人間が生きていくうえで、それぞれが幸福な状態を希求していることに疑いはない。古代ギリシャの哲学者・アリストテレスは、人びとが究極的に求める善としての「最高善」とは「幸福」であると述べている。ただ、具体的にその幸福のあり方はさまざまである。ある人にとっては幸福な状態だとみなされることも、別の人にとっては不幸と捉えられることもある。そのため、「幸福とは何か」という問いに対しては、さまざまな哲学的議論が展開されてきた。いまだなお、その議論の決着はついていないと言える。

一方でわたしたちは、「このような状態だけは避けたい」とも願望している。理想的な状態としての幸福を希求する姿勢と、最高の状態とはいえないまでも最悪の状態を避けたいと願う姿勢はしばしば共存している。すなわち、最悪の状態から最高の状態までには幅があり、自身が置かれている状況に応じて「好ましくない事象」を可能な限り回避し、「好ましい事象」の機会を多くすることができれば、幸福な状態に到達する可能性が高まっていくのである。言い換えれば、人間が幸福な状態を実現しようとするときには、より好ましい状態をつくろうとするスタンスと、より好ましくない状態を回避しようとするスタンスを考えることができる。

身のまわりに起こりうる好ましくない事象を可能な限り避けるためには、リスクマネジメントの考え方が重要になる。リスクという概念が導入されたのは、近代化した社会において、人びとのライフスタイルが多様になるなかで、発生する好ましくない事象のあり方も多様化し、それらを無視することができなくなったからである。たとえば、目の前の海で魚を捕って生きる人びとが関心を払うのは、漁に出る時の天候や魚を捕るための自身の技術など限られたものである。しかし、現代のように複雑な社会になると、水産資源の流通と市場の問題、漁船のエンジンのメンテナンス、従業員の雇用、事故に伴う保険や補償、海洋をめぐる環境汚染、地球温暖化による魚の生息環境の変化など、さまざまな要素を考えなければならない。これらの要素が自身にとって好ましくないものとして降りかかってこないように、リスクを日頃から把握し、それに対して適切に対応していくことが求められるのである。複雑化する社会においては、社会全体として適切にリスクを把握し、好ましくない状況を回避していくことに大きな関心が払われるようになったのである。

「リスク」という概念は、時代や分野によってさまざまに定義されてきた。『リスク学辞典』では、機械安全問題、自然災害への対応、工業化学物質の管理、食品安全問題、セキュリティ分野、感染症対策、金融・保険関係、組織マネジメントなどの分野でそれぞれリスク概念について検討されてきたことを紹介し、これらの分野のなかでリスクの捉え方としては、「原因／事象が保護対象に対して好ましくないことを生じさせる可能性」とする点では共通するとしている（日本リスク研究学会 二〇一九）。リスクという概念は、確率に深く関わる。すわなち、好ましくないことが、どの程度の頻度で発生し、どの程度の影響をもたらすのかという点で、そのリスクの大小は決定する。

ニクラス・ルーマンは、「リスク」と「危険」という二つの概念を対比させ、「リスク」は人間の選択の問題であり、「危険」は人びとを取り巻く環境の問題であると論じている（ルーマン 二〇一四）。つまり、わたしたちにとって「好ましくない事象」「危ないもの」が将来的に発生することを想定し、それを回避するために能動的に考えられるのが「リスク」である。リスクは、未来にリスクを想定しないということそのものも、リスクを帯びている。将来的に好ましくない事象は起こらないだろうと考え、現時点において何も対策を取らないことそのものが、リスクを増大させる場合もあるからである。一方で、与えられ、出合ってしまうもの、受動的にしか関与することのできない「好ましくない事象」を「危険」として捉えることができる。

リスクは常に未来の問題である。したがって、現時点ではリスクは顕在化していない。未来に発生しうる好ましくない事象の可能性としてのリスクは、いわば現時点の平常時の風景のなかに潜在しているのである。リスクに関する調査や分析によってその予兆や傾向がみられたとしても、閾値《しきいち》を超えるまでは平常時として捉えられる。リスクが発生し、危険な状況、好ましくない状況に置かれた時、それは回避すべきものから、対処・対応すべきものに変質する。将来に好ましくない状況を発生させない、あるいは発生したとしてもそれによる損失やダメージを可能な限り低減しようとする時にリスクの考えが必要になる。そのリスクをどのように回避するかということは、現在を生きる人間が、日常の風景のなかからいかにしてリスク要因を認識し、実施の有無を含めてどのような対応をとるかという選択に依存する。前章で論じたように、わたしたちの目の前にはさまざまなあり方で風景が立ち現われている。立ち現われる風景のなかに未来の事象としてのリスクを見出すかどうかは、それぞれの主体の趣向、経験、知識、情報、心理状態と、他者やさまざまな物事との接触や遭遇という機会に左右される。

ハザード・曝露・脆弱性のかけ合わせとしての災害リスク

防災工学の分野では、まずその自然災害の影響を受けた社会が、自身の対処能力を超えるようなさまざまな損失を伴う場合にリスクとみなされる。またある自然現象によって、コミュニティや社会の機能が著しく阻害される可能性として考えることができる。

災害リスクは、ハザード、曝露、脆弱性の三要素の掛け合わせからなる（Renaud et al. 2013）。ハザード（hazard）は、日本ではしばしば「危険」あるいは「危険を引き起こすもの」「危険性」といった意味に訳される。自然災害でいうと、地震や洪水、津波、豪雨、雪崩、斜面崩壊などの自然現象である。また hazard という言葉には本来、運や偶然といった意味もある。その意味からも読み取れるように、これらの自然現象そのものが危険というわけではない。地球上で発生するさまざまな自然現象は、人間が誕生する以前から繰り返し起こってきたことである。そのなかにヒトという生物が誕生し、社会的な営みを展開するようになったことで、人間の暮らしに大きなインパクトをもたらす可能性のある自然現象が危険とみなされるようになったのである。ある自然現象がハザードして捉えられるかどうかは、そこに関わる具体的な人間、あるいは社会のあり方に依存する。たとえば、水深三〇センチの水の流れは、身長が一七〇センチ以上ある大人よりも、身長が一〇〇センチに満たない子どもにとって、より危険である。震度五の大きさの地震は、建築や耐震の技術が発展しており、より多くの建設材料の選択肢をもつ社会よりも、そうでない社会においての方がより危険な事象と捉えられる。

人間に何かしらの危険をもたらすハザードとしての自然現象はまた、人間のまったく関知しない場所で発生してもそれは災害とはみなされない。人がまったく立ち入らない山奥で大規模な雪崩が発生しても、あるいは無人島のなかで大洪水が発生しても、そこに人間がいなければなんら社会的影響はなく、それらを回避しようとする努力は行われないだろう。重要なのは、ハザードがどこで発生するかということである。人間が生活する場所、あるいは人間の有する資源・資産がある場所でハザードが発生することで初めて、それは災害リスクとして回避の努力を試みる対象となる。また、「どこで」だけでなく「いつ」という時間要素も重要である。なぜなら、現時点で人間が暮らし、資源・資産が集中している場所に大規模なハザードが発生することがわかっていたとしても、それが一万年後のことであれば、やはり現時点で対策を講じるべきこととは捉えられないだろう。つまり災害リスクを考える場合に重要なのは、ハザードとなる自然現象が、どこでいつ発生するか、さらにその場所のその時点にどの程度の地域社会や資源・資産が曝されているかということである。このことが災害リスクの二つ目の要素である「曝露」である。

さらに三つ目の要素は「脆弱性」である。たとえば、都市部において大規模な地震が発生した場合、それに対して、建物や道路、鉄道、水道などのインフラの耐震性能が著しく高く、ほとんど破損しなかったとする。また、そこに住む人びとも日頃から防災訓練を徹底しており、揺れが発生した時にすべての人びとが適切に危険回避と避難行動をとれたとする。この場合、ハザードとしての度合いが大きい自然現象が、人口や資源が集中した地域で発生したとしても、その影響は小さいと考えることができる。逆に、それよりも小さな規模の地震であったとしても、インフラの耐震性能が低く、人びとの災害への意識も低い場合は、被害が大きくなってしまう。さらに、災害によって一定の被害があった場合も、その後、復旧・復興のためのさまざまな技術や制度、資金、マンパワーがある地域は、早期に災害以前の社会の状態に戻ることができる。つまり、ハザードに対して、ハードの面でもソフトの面でも、その地域が脆弱であれば、災害リスクが高くなる（古田 二〇一五）。逆に言えば、大規模なハザードに曝されたとしても、それに耐えうるようなインフラやコミュニティがあり、さらに被害に対しての回復力を有していれば、災害リスクは小さくなるのである。このように災害リスクに対しての耐性や復元力、回復力をもつことは「レジリエンス（resilience）」という概念で表現される。レジリエンスは、回復力という意味以外にも「しなやかさ」「弾性」という意味をもつ言葉である。つまり、ある外力やダメージを受けても、それが元の形に戻っていく特性を表しているのである。

以上のような考え方から、自然災害リスクは、「ハザード」と「曝露」と「脆弱性」という三つの要素のかけ合わせによって考えることができるのである。この三つの要素のうち、未来の事象としての災害リスクを回避するために、人間が選択することによって主体的に関与できる度合いには、それぞれの要素で差がある。ハザードはそもそも自然現象であり、地震や降雨、土砂崩れといった現象そのものを人為によって完全に抑制するのは不可能である。日常的には、たとえば個々の人がＣＯ２の排出を抑制することによって温暖化に起因する局地的豪雨という現象を抑制することは理論的には可能である。しかし、その効果は即時的なものではなく、自身の行動がそのままに災害リスクを顕著に低減することにはつながらない。すなわち、自然災害に関して、未来の望ましくない状況を回避するうえで「ハザード」にアプローチすることは、現在の人びとの選択の余地が少ないといえる。つまり、地域防災という観点からは、災害リスクを低減していくうえでは「曝露」と「脆弱性」の要素にいかにアプローチしていくかが課題となる。

減災の概念にみる自然災害への向き合い方

災害リスクが、ハザード・曝露・脆弱性の三要素の掛け合わせによって構成されるという定義には、自然災害を完全にコントロールして未然に防ぐのではなく、自然災害が発生することを前提に、いかにしてそれによる被害を減らしていくかという考えが根底にある。このことは、自然災害に対しての「防災」に加えて、「減災」という考え方が普及してきたことにも表れている。

「減災」という考え方は、一九九五年の阪神・淡路大震災以降に使われ始め、二〇一一年の東日本大震災以降、より広く定着することになった。一般的には、「防災」はその字の通り「災害を防ぐ」こと、減災は「災害を減らすこと」として捉えることができる。たとえば公共事業における河川の防災対策として、そもそも川の水が溢れないように堤防の整備や河道の掘削が行われる。「減災」の視点からは、川の水が溢れたときのことを想定し、ハザードマップの作成、災害時の行動指針の設定、避難場所の設置、居住地域の規制などが対策としてあげられる。しかし、「防災」と「減災」が明確に区別されて使われているわけではない。防災の取り組みにおいても、避難やハザードマップの活用などのソフト対策は重要な項目である。考えなければならないのは、なぜあえて「減災」という考え方を持ち出す必要があったのかということである。

防災工学者の室崎益輝は、「減災」という概念が普及した背景として、「東日本大震災のような大きな災害は完璧に防ぐことはできないので、減災という考え方が必要になってくる。巨大災害に対しては、被害をゼロにしようと考えるよりも、被害を少しでも減らそうと考える方が、結果として効果のある対策に行きつく」と述べている（室崎 二〇一三）。そのうえで減災において大切なこととして、(1)ゼロリスクに固執しないこと、(2)合わせ技で備えること、の二点をあげている。

ゼロリスクを目指さないことは、逆にいえば一定程度のリスクを許容するということである。ハザードとしての自然現象を抑え込むのではなく、一時的に被害を受けたとしても、それを致命的なものにせず、そこから立ち直ることができるレジリエントな地域社会をいかにつくっていくかということが焦点になる。また、一定程度のリスクを許容するということは、平常時に得られるさまざまな資源やサービスを犠牲にせずに済むこともある。巨大津波を完全に防ぐためには、海岸沿いに巨大な防潮堤が必要になる。しかしその防潮堤を建設することで、たとえば海浜の生態系や漁村の景観、海を眺めながらの暮らしといった平常時に得られていたものが喪失する。そこで重要になるのは、どの程度のリスクであれば許容できるかということを見定め、そのことについて社会的に合意を形成することである。

また、「合わせ技で備えること」とは、単一的な手段や方法によって自然災害を防ごうとするのではなく、大小さまざまなハード整備やソフト対策を組み合わせることで、被害を軽減していくことである。「流域治水」という考え方はまさにこの合わせ技によって、水害のリスクを軽減していく取り組みである。川の水が溢れないように、堤防や河道の整備、あるいは上流でのダム建設だけでなく、田んぼやため池での貯留、雨水タンクの設置や雨庭の整備による小規模分散型の流出抑制など、流域全体で面的に取り組みを展開する。河川工学者の島谷幸宏は、流域治水とは「流域すべての場所を対象に、水を遅らせ、浸透能力を高め、水を貯留し、降雨遮断のための緑を増やし、氾濫流も制御するなどの新たな原理を導入した治水対策」であると述べている。またこのような考えのもとに流域治水の対策を展開することは、「景観や生物の多様性を向上させ、さらに農業や林業の活性化などに貢献する可能性」を有しているとも述べている（島谷・皆川 二〇二二）。そのために、防災に関連する行政の部署だけでなく、農業や林業に従事する人びと、建築や造園、環境の関係者、さらにはその流域に暮らすすべての住民など多様な主体の連携が必要となる。

減災という概念の背景にあるのは、大きな自然の力に対して人間が対抗することには限界があるということである。そのため、被害をなくすことを目指すのではなく、被害を軽減するという姿勢をもつことの重要性が社会において共有された。さらに過度に被害を防ごうとすることで、日常に得られるさまざまな資源や恵みを犠牲にしないための考え方でもある。災害リスクをゼロに近づけるために、さまざまな恵みも手放すのではなく、逆に、自然の脅威を一定程度受容しつつ、いかにして日常の恵みを享受するかという視点が、減災の考え方には含まれているのである。

2　日本の伝統的リスク概念としての「わざわい」

日本の古典における自然災害の記述　リスクという概念は、産業革命以降の近代社会において、多様化する人びとの生活のなかで発生しうる「好ましくない事象」の中身とその要因が多様化するなかで、共有・浸透してきた。この視点は、将来的に発生しうる「好ましくない事象」を確率論的に捉え、それを回避するために重要な意味をもつ。豊かな自然資源とともに、さまざまな自然災害が発生する日本においては、自然災害リスクをいかに低減していくかは、社会的なリスクマネジメントのなかの重要な課題である。日本の国土特性として、地震や津波、洪水、土砂災害などの自然災害が多発することは、今に始まったことではない。災害発生のメカニズムや原因、また災害リスク低減への効果的な対処方法について科学的な視点で明らかにされる以前から、日本の国土に暮らす人びとは自然災害に直面してきた。では、伝統的な日本の社会において人びとは災害をどのように捉え、どのように向き合ってきたのだろうか。ここでは日本の古典における災害関連の記述を概観してみよう。

まずは地震に関連する記述からである。日本書紀巻第一神代上では、スサノオノミコトの乱暴狼藉をみかねた他の神々が、「お前の行いはたいへん無頼であり、天上に住むことは許されない。また葦原中国にもいてはならない。すぐに底の根の国に行きなさい」といってスサノオを追いやる場面がある。神々に追われたスサノオは去ることを決意するが、その前に姉であるアマテラスに会いに行こうとする。スサノオが天に上がっていくときに天地を振動させたという記述は、地震や天変地異を想起させる。スサノオはこの他にも、母であるイザナミに会えないことで泣き叫んだため国土が荒廃したという描写は、災害を起こす力をもつことを思わせる。

日本書紀の允恭天皇紀には、五年秋七月一四日に地震が起こったと記述がある。この地震発生の前には、葛《かつ》城襲津彦《らぎのそつひこ》の孫である玉田宿禰《たまだのすくね》に、反正天皇の殯《もがり》（埋葬するまでの間、遺骸を安置すること）を任じていた。地震が発生したのはその殯に何か問題があると考え、地震のあった夜に遣いを出し、殯の宮の様子をみさせたという。また、推古天皇紀にも、七年夏四月二七日、地震が起きて建物がすべて倒壊したため、全国に命じて地震の神をお祭りさせたと記されている。

スサノオの描写は、神の存在そのものが人びとに災害となって影響を及ぼす可能性を示している。允恭天皇、推古天皇の時代における地震の記述においては、いずれもその発生原因を神威とみなしている。この場合、日常の人びとの行いを正すことで、その後の地震のリスクに備えるのである。

天武天皇の時代、一三年一〇月一四日、夜一〇時頃に大地震があったと日本書紀に記されている。国中の男も女も叫び合い逃げまどった。山は崩れ、河は溢れた。諸国の郡の官舎や百姓の家屋・倉庫、寺社の破壊されたもの数知れず、人畜の被害は多大であった。伊予の道後温泉も、埋もれて湯が出なくなった。土佐国では約一千町歩がうずまって海となった。古老は、「このような地震は、かつて無かったことだ」といった。この夕、鼓の鳴るような音が、東方で聞こえた。「伊豆島の西と北の二面がひとりでに三〇〇丈あまり広がり、もう一つの島になった。鼓の音のように聞こえたのは、神がこの島をお造りになる響きだったのだ」という人があった。また土佐の国司は、高波で海水が押し寄せ、多くの船が行方不明になったことを報告している。

天武天皇の条にあるこの地震は「白鳳南海地震」と呼ばれ、一九四六年（昭和二一）に発生した昭和南海地震の状況と一致している（寒川 二〇〇七）。昭和南海地震においても、高知平野が沈降し、室戸半島が隆起し、道後温泉の湯が止まった。昭和南海地震のマグニチュードは八・〇であり、高知県沿岸は四～六メートルの津波が押し寄せ、揺れと津波により六七九人が死亡・行方不明となり、一八三六人が負傷した。また、家屋の全壊や流失は四三四六戸にのぼった。

允恭天皇や推古天皇の条における記述と異なり、天武天皇の時代における白鳳南海地震の記述は、具体的な被害や状況に言及している点が大きな特徴である。東の方から鼓の音が聞こえ、伊豆において神が島を造ったという記述に関しては、どのような事象を意味するのかは判然としない。しかし、土佐における大地震と、そこから遠く離れた伊豆の地での神による島の創出までの一連の記述は、その影響範囲の広さを物語っている。また、直接的な因果の記述ではないにしろ、大地震と神威との関係について述べているともいえる。

水害に関連する記述としては、日本書紀の仁徳天皇の条に興味深い記述がある。仁徳一一年夏四月一七日、天皇は国を眺めながら、広い土地はあるものの田んぼが少なく、また川の水が氾濫し、長く雨が降ると道路が泥に埋まってしまう状況を憂いた。そこで、溢れる水を海に流すための水路を建設し、海水の逆流を防いで田んぼや家を防御することにした。ここで言及されている水路は「難波の堀江」と呼ばれる。上町台地の北端に位置していた難波高津宮からみて東側の平野（現在の河内平野）に草香江《くさかえ》と呼ばれる湖が広がっていた。この湖の水は、上町台地の北端から北に向かって伸びていた砂州の影響で水がスムーズに大阪湾に流れ込まず、たびたび氾濫を起こしていたと考えられる。「難波の堀江」は、河内平野付近の治水・利水の方策として建設された水路である。

また、日本最古の堤防として知られる「茨田の堤《まんだ》」の建設についても仁徳天皇の条に記されている。茨田の堤は建設しようとすると何度も壊れ、防ぎにくい箇所が二カ所あった。その時、天皇の夢に神が現れ、「武蔵の強頸《こわくび》と河内の茨田連衫子《まんだのむらじころものこ》の二人を川の神に生贄として差し出せばきっと防ぐことができるだろう」と告げた。強頸は泣きながら悲しんだが、水の中に入れられてしまった。その結果、堤の一カ所は崩れることがなくなった。一方で衫子は「本当の神意であるならば、この瓢《ひさご》を水中に沈めてみよ」と挑戦し、結局その瓢は沈まなかったため、命が助かった。さらにその後、堤のもう一カ所も壊れることがなくなった。

仁徳天皇の条に記されたこの水害対応は、科学的な対応と、祭祀的対応の両方が実践されている点が興味深い。スサノオや允恭天皇、推古天皇の条でみたように、仁徳天皇以外の日本書紀の記述では、長雨や暴風、地震、水害などの自然災害の発生要因は神などの超越的存在の意によるもので、したがって災害への対応も祭祀行為、あるいは神からの託宣《たくせん》を受けて人間が自身の行為を改めたりすることがほとんどである。しかしこの仁徳紀では、まず環境の観察によって水害が発生する原因をみきわめ、その後に平野の水を海に流すための工事や、堤防建設といったインフラ整備を行ったことを明記している。そのうえで、土木構造物が想定の機能を発揮できなかった点に神意を見出し、人身御供という祭祀行為によって対応しようとしている。さらに衫子に関しては、神意についても、それが適切なものであるかどうかを判断し、結果として命を失うことはなかった。すなわち、人間が知恵をもって、神がもたらすリスクを回避したことを意味している。

同じ仁徳六七年の記述には、「吉備中国の川嶋河の派（かわまた）にみつち有りて人を苦びしむ」とある。ここにある川嶋河とは、現在の岡山県倉敷市真備《まび》町を流れる高梁《たかはし》川のことである。高梁川の支流である小田《おだ》川では二〇一八年七月に発生した豪雨（平成三〇年七月豪雨）で堤防が決壊し、周辺の地域は大きな被害が出た。この豪雨災害では、岡山県内で六四名、そのなかでも真備町では五一名の犠牲者が出た。

真備町は水害常襲地である。二〇一八年の豪雨災害以前にも、たとえば一八九三年（明治二六）には水害により一八〇名の犠牲者が出ている。日本書紀の仁徳紀にある「みつち」とは大蛇のことである。大蛇は、スサノオノミコトのヤマタノオロチ伝説でもみられるように、神話のなかでしばしば人びとを苦しめる存在として語られる。みつちは川の中に住んでおり、人びとを苦しめているということから、水害の象徴であると考えられる。すなわち、仁徳紀における高梁川のみつちの記述から見出すことができるのは、日本書紀の記された時代以前から真備の人びとは、高梁川の水害リスクと対峙してきたという来歴である。

さらに、真備町の災害で大きく注目されたのが「バックウォーター」という現象である。高梁川本流の水位が上がったため、支流である小田川の水が本流に流入することができず、水が逆流して堤防を越水してしまった。すなわち、真備の災害で重要なポイントとなったのは、河川の合流部分である。川の合流部に大きなリスクがあるという点について、「かわまた」にみつちが住んでいるという記述からも読み取ることができる。

災・禍は「わざ」が「這う」

日本の国土における多様な自然現象が人間に牙をむくとき、それは災害となる。災害は、日本では古くは「災い・禍（わざはひ、わざわい）」という言葉で語られてきた。「わざわい」とは「わざ」と「わい」という言葉からなる。「わざ」とは本来、神の行い、隠れた神の力、人の力を超えた大きな力、という意味をもつ。また「わい」、「わう」とは、「這う」と語源が同じであり、「賑わい」、「賑わう」のようにある物事が広がっていくような状態を表す。すなわち、「わざわい」とは、人の理解や力を超えた超越的な何かが広がっていくという意味をもつのである。

身に降りかかる災難という意味での「わざわい」という語は、日本書紀の神代紀におけるオオナムチとスクナヒコナによる国造りの一節に次のように書かれている（小島ほか 一九九四）。

> 夫れ大己貴命、少彦名命と力をあわせ心を一にして、天下を経営（つく）り、復顕見蒼生（またうつしきあおひとくさ）と畜産（けもの）との為は、其の病を療（おさ）むる方（のり）を定め、又鳥獣（とりけだもの）・昆虫（はふむし）の災異（わざはひ）を攘（はら）はむが為は、其の禁厭（まじなひ）の法（のり）を定めき。

ここでは、オオナムチとスクナヒコナが力を合わせて天下をつくった時に、人や家畜のために病気治療の方を定め、また鳥獣や虫による被害をなくすためにまじないの法を定めたと書かれている。このオオナムチとスクナヒコナの仕事によって、人びとはさまざまな恵みを享受しているのだと、日本書紀では記されている。また、「良くないことに対して、戒め諭さんとする神意の兆し」（中村ほか 一九九九）という意味での「わざわい」の語は、同じく日本書紀の欽明紀に次のような記述がある（小島ほか 一九九六）。

窃（ひそか）に聞く、任那と新羅と、策を席際に運（めぐ）らししきとき、蜂・蛇（おろち）の怪（しるまし）を現（しめ）せりといふことを。亦衆（ひと）の知れる所なり。且（また）夫れ妖祥（つちのわざはひ）は行（おこなひ）を戒むる所以、災異（あめのわざはひ）は人に悟らしむる所以なり。

ここで述べられているのは、人が何か良くないことを企てているとわざわいが降りかかるのは、そもそもわざわいが、人びとの行動を戒め、非を悟らせるために起こるものだからだということである。

近代化以降の社会においてわざわいは、リスクマネジメントの観点から、科学やさまざまな技術によって回避・克服すべき対象となった。しかし、科学技術が発達する以前の日本では、さまざまな形でふりかかってくるわざわいは神意であり、また人びとの好ましくない振る舞いや行為を正すための契機でもあった。

宇津保《うつほ》物語で、遣唐使である清原俊蔭《きよはらのとしかげ》が、亡くなる直前に娘に対して二つの宝物の琴を残し、「あなたの身に幸（さいわい）が訪れたらそれが絶頂の時に、もし禍（わざわい）を受けなければならない時はそれが極限に達し命運が尽きた時などに、この琴をかきならすとよい」と遺言を残している（中野 一九九九）。

この宇津保物語の記述からもわかるように、「わざわい」の対をなす言葉が「さいわい」である。「さいわい」はもともと「さきはひ」であり「さきはふ」という動詞の名詞形である。この語は、「神などに守護されて繁栄する」という意味である（中村ほか 一九八四）。万葉集には、山上憶良《やまのうえのおくら》による送別歌「好去好来の歌一首」の一部に、「神代より言い伝て来らくそらみつ大和の国は皇神の厳しき国言霊の幸はふ国と語り継ぎ言ひ継がひけり」という一節がある。「神の代から言い伝えられてきたことだが、大和の国は神によって統治される厳かな国で、言葉の力によって幸せがもたらされているということを語り継いできた」という内容である。また同じく万葉集のなかに、「幸ひのいかなる人か黒髪の白くなるまで妹が声を聞く」という一首がある。これは「自分の髪が白くなるまで妻の声を聞けるとは、どれだけ幸せな人なのか」という内容で、先に妻を亡くした男が、他の人を羨んで詠んだ歌である。

これらの記述からわかるように、古来、日本人にとって「さいわい」は、自らが能動的・主体的に行動した結果獲得するというより、何者かが自分たちにとって好ましい状態を与えてくれるものとして捉えていたことがわかる。「わざわい」を回避し「さいわい」の状態へと至るために、神意を推しはかり、神を祀り、日常の自分たちの行為を律してきたのである。「わざわい」も「さいわい」も、超越的な存在が自分たちにもたらすものであるという姿勢には、一定の諦めのような感情を読み取ることもできる。その背景には、日本の多様な自然環境がもたらす恵みとリスクへの何かしらの意識があるだろう。自然環境の恩恵を受けながらも、理不尽に発生する災害リスクを受容し、いかにしてリスクを低減していくかということを日本人は常に考えてきたのである。

重要なのは、伝統的に人びとが、どのような形で「さいわい」を望み、「わざわい」を回避しようとしたのかに着目することである。この視点をもつことは、自然環境の挙動を抑え込むことだけでなく、一定の災害リスクを許容しながら、安全に暮らしていくうえで重要なヒントをもたらすと考えられるからである。すなわち、現代社会における防災・減災の取り組みを進めていくうえでも、日本の国土のなかで培われてきたリスク概念である「わざわい」と、その対処方法について検討することは重要な意味をもつ。

3　わざわいを語ることによる災害リスク対応

制御不可能なわざわいに対して人びとは何をしてきたか

自然の力が人間に対してより卓越していた古代の社会から、中世、近世、近現代に至るまでに、災害と人間社会との関わりは当然変化してきた。社会としてさまざまな災害を経験し、反省することで、それに対応するための技術や知識が蓄積される。一方で、科学技術の発達した現代社会においても、減災の概念が社会での意義とその重要性をより増しているように、人間が自然災害を完全に制御し防ぐことは困難である。古代から現代に至るまで、人びとは制御不可能なわざわいに対してどのような行動をとってきただろうか。

古代の社会においては、人びとに自然の脅威が襲いかかるのは人間の行いの良し悪しが関係していると考えられていた。そのため、わざわいを回避するためには祭祀行為が重要な意味をもっていた。たとえば、弥生時代の集落遺跡である香川県高松市の松林遺跡では、地震に伴い、液状化によって砂礫《されき》が地面に吹き上がった痕跡が七カ所確認されている。そのうち二カ所では、地中から地面に吹き上がった砂や砂礫の真上に弥生土器が置かれていた。そのうちの一カ所は、噴出した砂礫に立てかけるような形で土器を置き、もう一カ所でも、半分に割った土器を砂礫の上に逆さまにして伏せて置いていた。噴出した砂礫の上に置かれた二つの土器は、いずれも意図的に置いたものとみられるという（瀬谷 二〇一八）。

また、神に対する適切な祭祀行為を実践し、社会にわざわいがもたらされることを回避することは、時の為政者にとっての重要な責務であった。日本書紀をはじめとする古代の国史における災害関連の記述にみられるのは、その多くが、災害の記録とそれに対して行った国家的な祭祀行為の内容である。しかし、たんに宗教的行いだけでわざわいを回避しようとしたのではなく、河川改修や堤防建設、ため池築造などの土木事業も展開してきた。すなわち、祭祀行為と工学的技術の両面で災害リスクの低減に努めてきたのである。

災害リスクへの対応として現代を生きるわたしたちがまず頭に思い浮かべるのは、インフラの整備であろう。建築や土木の技術を基礎として、河川改修や建造物強化などの対策により、災害による影響を低減することを目指す。規模の小さな災害に対しては、インフラ整備によって根本的に克服することもできる。古代の社会における災害対応としてのインフラ整備は、前述した仁徳紀にみられる「茨田の堤」の建設があげられる。

また、続日本紀の淳仁天皇の条には、各地で疫病の死者が多数にのぼり、洪水や旱害が頻発していることをあげ、その理由を「国司・郡司が国神（地方の神々）にうやうやしく仕えていないための天罰」であるとしている。その一方で、日照りが続いたあと、長雨が降り、土地を失って人びとが困難な状況に陥っているのは、「国司・郡司の民を使役する時期が適当でなく、堤・堰を修造しなかったための過失」であると断じている。淳仁紀におけるこの記述が興味深いのは、世にわざわいがもたらされている原因を、祭祀とインフラ維持の二つの点から分析していることである。

律令制が成立し、日本が一つの国家としての統治構造を有するようになって以降、災害への対応はより体系的なものとなっていく。水野章二は、中世における災害対応として(1)宗教的対応、(2)工学的対応、(3)農学的対応、(4)社会的対応の四つをあげている（水野 二〇二〇）。朝廷などが最も力を入れたのが宗教的対応であった。その実施の実態は災害の性格によってさまざまである。奈良時代には鎮護国家の仏教法会が重視され、たとえば「仁王会《にんのうえ》」は、種々の災害から国を護るために実施されるものであった。また九世紀には、災害を未然に防ぐために、宮中で春と秋に大般若経を転読する「季御読経《きのみどきょう》」などが宮廷の年中行事として行われるようになっていった。

工学的対応は、現代社会の災害対応の主眼であるように、堤防建設や河川改修、建築物強化などの物理的対応である。時代がくだり、戦国時代の武将は治水の知識と技術にも卓越していたことが知られている。武田信玄は、「霞堤《かすみてい》」の構造で知られる信玄堤を築堤した。釜無《かまなし》川と御勅使《みだい》川の合流地点に築かれたこの堤防は、現在の河川堤防のように連続的に築かれたのではなく、霞が連なるように不連続な配置構造になっている。不連続堤としての霞堤は、川の水が氾濫を起こすときに、河道から上流に向かって開かれた開口部から水が流れ出し、やがて洪水がおさまると、再び開口部から河道に水が戻るしくみである。つまり、河道内だけで洪水を処理するのではなく、河道、堤防、氾濫原までを面的に考えながら、その後の排水も考慮したうえで、水害のリスクに対応する方策なのである。

農学的対応では、気候や土地条件の変化に応じて、より適合的な作付け、品種の選択や複合的な生業の実践など、農業生産上のリスクを低減させる対応である。たとえば、洪水が発生すると、氾濫原に水が溢れるだけでなく、洪水が運搬してきた土砂などが堆積する。そのようにできた微細な地形の変化を利用し、水が引ける高さの土地は水田とし、洪水堆積物を集めた盛り土状の場所には畑地をつくる。河川沿い水田地帯の微高地に形成されるこのような畑地は「島畑《しまばた》」と呼ばれる。このようにして、水害のリスクを低減しながら、より土地の特性に適した農業を営み、食料を確保してきた。

社会的対応は、イエ、村落、村落連合などのさまざまなレベルでの社会集団を組織化し、災害に対処していくことである。この対応においては、水害や強風に対する防備林の整備、渇水対策としてのため池の築造などのハード対策から、災害発生時の互助のしくみや領主による補償、復旧復興支援などさまざまなレベルの対応がある。江戸時代には、地震や火事、飢饉などの災害が発生した際、被災した人びとを救済するための「救小屋《すくいごや》」が幕府や藩によって公的施設として設置された。

水野による四つの災害対応の分類は、それぞれの対応の重要性の違いはあるとしても、中世に限らず、古代から現代に至るまで、日本の社会に通底する災害対応の姿勢であるといえる。わたしは、水野による四つの類型と、本章におけるここまでの議論を通じて、わざわいとしての自然災害に対する基本行動として「避ける」

「祈る」「語る」の三つをあげたいと思う。時代と状況によりその割合の差はあるとしても、人びとは常にこの三つの基本行動の組み合わせによって、わざわいに対峙してきた。

「避ける」という行動については、本章の減災概念の考察でも論じたように、さまざまな技術が発達した現代社会においても、災害リスクの一要素としてのハザードを完全に制御することは不可能である。この意識は、近代以前の社会においてより顕著である。「わざわい」という言葉は、超自然的な存在がもたらす人間にとって好ましくない事象（わざ）が広がっていく様（わう、這う）を語源とする。したがって、人間が災害リスクに対して取ることのできる行動とは、それを「防ぐ」ことでも「コントロールする」ことでもなく、いかに「避けるか」という点に尽きる。洪水が発生したとしても安全な場所に住む、地震が起きても倒れない家にする、津波が来る前に安全な高台に避難する、といった行動である。

「祈る」という行動については、「わざわい」がそもそも神仏などの超自然的存在によってもたらされるという考えのもとでは、その発生要因に直接アプローチすることはできない。そのため人は、わざわいが人間の力によって制御不可能なものであることを認識しつつ、自身が、あるいは代表者を立て、祈禱や祭祀などの行為を介して、わざわいが身に降りかからない可能性に賭ける。このような姿勢は、近代以前の社会に限ったことではない。現代を生きるわたしたちも、特定の信仰や宗教に関係なく、折に触れ、神仏に祈る。初詣、夏祭り、秋祭り、合格祈願、必勝祈願などの言葉が現代の日本社会においても日常的に用いられているように、わざわいを回避し、自分たちにとってより好ましい状況を実現するために神仏の力を頼る。その祈りの形はさまざまである。特定の人や場所のことを思い浮かべ個人的に祈ることもあれば、祭りやイベントなどの形で集団として祈りを届けることもある。

わざわいとしての自然災害を「語る」ということも、時代を問わず、多様な形態で実践されてきた。本章で紹介してきたように、国史としての古事記、日本書紀、その後のさまざまな歴史資料において、日本の国土で発生した種々の災害の記述がみられる。また、記録としての歴史資料だけでなく、日本各地の伝承、あるいは文学作品などにも、自然災害の履歴やその教訓が組み込まれた内容を数多くみることができる。人びとは、自身が経験した自然災害については、当然、記憶にとどめ、その状況を振り返ることができ、また、未来に同様の災害が発生した時のために備えることができる。それだけでなく、自身が体験していない自然災害についても認識しているのは、何らかの形での「語り」が実践されているからである。言い換えれば、わざわいについての「語り」がなければ、わたしたちは経験したこと以外のリスクを認識することができず、将来的に発生する可能性のある好ましくない状態、危険な状況を避けることができないのである。

このことは自明のことのように思われるが、社会として災害リスクを低減していくうえで重要な意味をもつ。物理学者であり随筆家でもあった寺田寅彦は、『天災と国防』というエッセイのなかで、過去から何度も襲来する災害に対して人間社会がいつまでも大きな被害を受けるのは、「天災がきわめてまれにしか起こらないで、ちょうど人間が前車の顚覆を忘れたころにそろそろ後車を引き出すようになる」からであると指摘している（寺田 二〇一一）。重要なのは、世代間、あるいは地域間でいかにして災害リスクを語り、共有し、備えるかということである。

本書では第Ⅱ部において、日本の各地に残された妖怪伝承を活用した防災教育の取り組みについて詳細に論じる。ここでは、これまでの自然災害リスクに関する「語り」の実践について、いくつかの例をあげながら概観し、その意義について理論的に考察してみよう。

自然災害リスクについての語りの実践　災害についての語りの代表的な一つの方法は「語り部」の活動である。語り部活動は、災害の被災地において、記念館や博物館、資料館などの施設を拠点として実践されているケースが多い。一九九一年に発生した雲仙普賢岳噴火災害の教訓を伝える「雲仙岳災害記念館」、一九九五年に発生した阪神・淡路大震災を契機に設立された「兵庫県立人と防災未来センター」では、ボランティアによる語り部の活動が継続的に展開されている。この二つの館以外にも、稲村の火の館（一八五四年の安政東海地震、和歌山県）、震災復興メモリアルミュージアム（一九二三年の関東大震災、東京都）、奥尻島津波館（一九九三年の北海道南西沖地震、北海道）、野島断層記念館（一九九五年の阪神・淡路大震災、兵庫県）、中越メモリアル回廊（二〇〇四年の新潟県中越地震、新潟県）といった自然災害関連のミュージアムがあり、それぞれに過去の災害の状況や教訓を伝える活動を実施している。

二〇一一年に発生した東日本大震災の後には、東北地方の各地に多くの災害関連のミュージアムが設置されている。東日本大震災関連のミュージアムの特徴は、大規模な公共施設だけでなく、ＮＰＯなどが運営する小規模な施設も多くある点である（エリザベスほか 二〇二〇）。また、陸前高田市などでは、実際に震災を経験した語り部の解説のもとに、保存されている震災遺構を巡る震災学習ツアーを展開している。

語り継ぎの重要性を認識し、世界的にその活動を展開・発展させていくためのネットワーク組織も設立されている。「世界災害語り継ぎネットワーク（International Network of Telling Live Lessons from Disasters）」は、国や地域を越えて大災害を語り継ぐことで、さまざまな災害リスクの低減に貢献することを目的にする国際ネットワークである。日本だけでなく、タイやインドネシア、ネパール、イランなどさまざまな国の研究者や行政、ＮＰＯ関係者、実践者が参加している。災害の語り継ぎを実践していくことについて永松伸吾らは、聞き手が災害について学ぶことで脆弱性を克服し、さらに語り手においても、自らの経験に共感する人の存在を知り、連帯感を得ることで、コミュニティへの貢献度が増すという「互酬的プロセス」であるとしている（永松ほか 二〇二〇）。このような意義をもつ語り継ぎを、世界的ネットワークを構築することで災害レジリエンスの向上に資するムーブメントとするために、「世界災害語り継ぎネットワーク」は活動している。

自然災害についての語りは、語り継ぎのように事実としての災害の経緯を伝えていく活動だけではない。物語や民話など、フィクションのなかにも災害リスクの伝達、あるいは教訓が含まれていることがある。兵庫県では、兵庫県学校厚生会が県下各地に伝わるさまざまな民話を収集し、とりまとめて発信していた。そこに収録された民話のなかには自然災害に関連する内容もみられる。たとえば、兵庫県八鹿《ようか》町のため池を舞台にした次のような民話がある。

岩崎村には、山中に大蛇が住むといわれる池があり、人びとは近づかなかった。ある夜、一人の村人の夢の中にその大蛇が現れ、「この池から出たいので、邪魔をせずに村を通してほしい」と告げたという。これを受けて村人たちは、大蛇が村のなかを通ると農作物が荒らされてしまうので、池から出さない方がよいと結論づけた。大蛇を通さないために、池の水の出口に大きな杭（蛇杭）を打ち込んだ。そうすると、大蛇は悲しみ、怒り、ある夜に暴風雨を呼び起こした。朝になると、村の中の谷筋に泥が広がり、大蛇の池の付近では斜面が崩落し、池の堤は決壊していた。それは大蛇が大水の勢いに乗って下流に下っていった跡だと人びとは考えた。このことから、旧暦の八月一日には、縄をなって大きな蛇に見立て、村の人びとがこれを引き合ってちぎる行事が行われていた（郷土の民話但馬地区編集委員会 一九七三）。

この民話では、実在するため池を舞台に、大蛇の動きをため池の決壊と洪水、あるいは土石流の挙動として表現している。さらに、この民話の延長線上として集落の行事が行われていた点も興味深い。フィクションとしての民話と、実際の地域での暮らしがつながっているのである。自然災害に関する情報が含まれた民話は各地にみられる。そのような民話が防災・減災において重要な意味をもつのは、架空の場所ではなく、実在の地域や地名が登場するからである。前述した大蛇伝承に出てくるため池の前に立った時、わたしたちは物語がフィクションであるからという理由で目の前の環境をまったく別のものとして捉えるのではなく、「物語の舞台としてのため池」を認識する。この場合、暗喩的に環境のリスクを認識していることになる。語り継ぎ活動のように明示的に災害リスクを伝えようとするものではないものの、フィクションの物語を語ることも、人びとのリスクへの認識に影響を与えるのである。この点において、兵庫県学校厚生会が展開したように、実際の地域を舞台にした民話や伝承の収集・普及・活用も、防災・減災に向けた重要な語りの実践として捉えることができる。

「語ること」は「行うこと」でもある

「語ること」は、たんにある状況や物事を説明するためだけの行為ではない。言語哲学者であり、しばしば日常言語学派という学術的潮流に位置づけられるJ・L・オースティンは著作"*How to Do Things with Words*"（邦題：『言語と行為』）のなかで、言語行為の機能を「事実確認的」と「行為遂行的」の二つに区分した。事実確認的な言語行為とは、たとえば「今日は空が青い」「向こうを猫が歩いている」「目の前を蜂が飛んでいった」というように、ある状況をそのままに説明するために言葉を発する行為である。一方で行為遂行的な言語行為では、「今日ランチをご馳走しますよ」「わたしはこの猫を『コト』と命名します」「阪神タイガースが勝つことを祈ります」といったように、これらの文を口にすることで、その行為を実際に行うことになる。「ランチをご馳走する」と誰かに向かって言うことは、ランチの代金をすべて自分が支払うということをすでに「約束」している。命名を宣言することは、少なくともそれを了解した人びとの間で「名前をつける」という行為を実践している。また、「祈る」「願う」「賭ける」といったことを口にするのも同様である。オースティンは、伝統的な哲学の議論では、言語行為の「行為遂行的」な側面についてほとんど注意が払われてこなかったと指摘している。

事実確認的な発語行為では、発された内容が「真か偽か」ということが問題となる。曇天の日に「今日は空が青い」と語れば、それは事実とは異なることを語ったことになり、「偽」の発言内容となる。行為遂行的な発語行為の場合では、その内容の「真偽」ではなく、「適不適」が問題となる。「ランチをご馳走します」と発言した人が、結果的に昼食の代金を支払わなければ、発言した内容が遂行されなかったことになる。約束を破ることや、契約の不履行は、その行為遂行的な発語が適切に実行されなかったことを意味する。

言語行為のもつ確認的・遂行的な側面をさらに考察していくと、ただ純粋に事実を記述するだけの言語行為がほとんどないということにも気が付く。前述した「今日は空が青い」という発言についても、その声を聞いた人の注意を空に向けるという行為を実践することもある。「猫が向こうを歩いている」と発することは、猫を好きな人の顔の向きや歩く方向を変更させることにつながる。「目の前を蜂が飛んでいった」と発言することは、刺されないように人びとに注意を喚起するという行為を遂行しているとも考えられる。言語行為には確認的な機能と遂行的な機能があるということは事実であるが、それらを明確に区別することは難しいのである。

オースティンはさらに議論を展開し、言語行為を最終的に、(1)発語行為、(2)発語内行為、(3)発語媒介行為の三つの側面から再検討している。「今日ランチをご馳走しますよ」と発言することは、まず日本語の語彙と文法に適した形で声に出すという発語行為を行っており、さらにランチの代金をすべて自分が支払うということを「約束」するという意味で発語内行為を実践している。さらにこの発言を聞いた人を喜ばせたり、あるいは恐縮させたりするということが発語媒介行為である。

とくに発語媒介行為は、わたしたちが生きる環境そのものを変えることにもつながる。たとえば、部屋に入ってきた人に「電気をつけてくれませんか」とお願いすると、その人は壁のスイッチを押し、結果として部屋が明るくなる。庭で大切に育てている草花について通りすがりの人が「いつも楽しみにみています」と声をかけてきたとすると、このことをきっかけとしてその人はより丁寧に庭の手入れを行い、きれいに花がつくように努力する。この場合、通行人の心情の告白の背後に、「ずっときれいに手入れしてくださいね」というその人の希望を汲み取っているのである。通行人の発した一言が、一人の人間を動かし、庭先によりきれいな草花が咲く状況を生み出す。

以上のように、「語ること」が「何かを行うこと」という側面をもつことは、災害リスクの低減に向けたさまざまな語りの実践の新たな意味と価値に光を当てることになる。事実としての過去の災害の経緯を語ることだけでなく、創作や伝承のなかでの実際に人びとに起こりうる災害に関するなんらかの言説は、それを語る人が決意したり、留意したり、あるいは約束するという「発語内行為」として、ただの記述や確認という意味以上に、すでに実践していることになる。またその発語行為によって、その内容が「発語媒介行為」として、他者の注意を喚起したり、あるいは行動変容を促す可能性を有している。事実か創作であるかにかかわらず、災害リスクについて何かしらの形で語ることは、それ自体がリスクの低減に貢献する実践として位置づけられるのである。

以上、本章では現代社会におけるリスク概念の重要性について概観したうえで、古来、日本では自然環境が人びとにもたらすリスクをどのように捉えてきたのかを考察してきた。そのうえで、日本の伝統的なリスク概念である「わざわい」に着目し、完全にコントロールできない自然の挙動に対して、人びとは「避ける」「祈る」「語る」という三つの対応姿勢を展開してきたことを示した。とくに、「語ること」は「行うこと」でもある。人間は、「語り」を共有することで、世代や空間を越えてさまざまなリスクを共有し、共同でそれに対処することが可能となるのである。次の第Ⅱ部および第Ⅲ部では、日本の妖怪と神に着目し、多様な「語り」を通じた現代における地域防災の方法論について紹介する。

第Ⅱ部　妖怪と防災教育

第3章　災害リスクを伝達する装置としての妖怪

1　不可解な事象を理解するための妖怪

日本の各地には多くの妖怪譚が伝わっている。それは、文章化され、世代を越えて受け継がれているものから、人びとの真偽不明の噂話までレベルはさまざまである。共通するのは、人間にとって何かしらの「好ましくない事象」について語られていること、さらにそれらの事象が超自然的な存在の関与によって発生しているということである。本書の主題は「防災」である。すなわち、自然現象としてのハザードが人びとの暮らしに与える影響を、どのように低減するかということである。自然災害は、日本の国土で暮らす人びとがいつの時代も直面するリスクである。後述するように、日本人にとっての「好ましくない事象」としての自然災害に関連する妖怪譚は、日本の各地でさまざまな種類・内容で語られている。注目したいのは、科学が未発達の社会ならまだしも、現代においても地域を問わずさまざまな妖怪譚が語り継がれている点である。

不思議で異常な事象を意味する「妖怪」

「妖怪」という言葉を聞いてまずわたしたちが思い浮かべるのは、「ゲゲゲの鬼太郎」や「妖怪ウォッチ」などのアニメに登場するキャラクターではないだろうか。妖怪についてそれほど詳しくなくても、「河童」について問われると、川や池に現れる頭に皿を持った大きな亀のような姿を描き、また「天狗」についても、山中に現れる鼻が長く赤い顔をして翼をもった姿をイメージする。「鬼太郎」「目玉おやじ」「猫むすめ」「子泣きじじい」「砂かけばばあ」「一反もめん」「ぬりかべ」と言われると、それぞれのアニメのキャラクターを容易に頭に思い浮かべることができる。また、少し妖怪について関心がある人なら「小豆あらい」「垢なめ」「輪入道」についても、その姿を思い起こすことができるだろう。しかし、妖怪という語は古来、少し異なる意味で用いられていた。それは決して日常的に用いられる語ではなく、特定の文脈において不思議で怪しい出来事全般を意味する言葉でもあった。ここでは、「妖怪」という語が大きく二つの意味で用いられてきたことを紹介したい。

古代において「妖怪」は、人間にとって不思議な事象全般を指す言葉であった。たとえば、続日本紀の光仁天皇の条（宝亀八年三月）において「大祓す。宮中に頻りに妖怪有るが為なり」という記述がみられる。この記述は、「宮中で不思議なことが起こるので大祓えをした」という意味である。この時点における「妖怪」とは、不思議なこと、不可解な出来事を指している。

近代以降、学術的に「妖怪」という用語を用いて研究の対象としたのは、哲学者の井上円了《いのうええんりょう》である。井上は、「妖怪学」を提唱し、近代以前の日本の地域社会において人びとが信じてきた妖怪伝承を、近代科学的思考からその解明を行おうと試みた。井上の妖怪学の考察対象は、現在における妖怪よりも広義に捉えられており、天狗や河童といった超自然的な存在だけでなく、占いや迷信に類する不思議な事象全般を含むものであった。井上は妖怪学のなかで、「妖怪」概念の定義を試みている。まず「妖怪」と「不思議」とを比較し、次のように述べている（井上　一九九九）。

不思議とはなんぞや。不可思議の謂にして、人知の測り知るべからざるところのものこれなり。しからば妖怪は、不思議とその意義全く同じきか。曰く、否。かつ、これを通俗の言に徴するも、不思議なるもの、ことごとくもって妖怪とはなさず。

ここで井上は、不思議なこと、知ることのできないことのなかでも、たとえば、死んだはずの人がみえるということは妖怪であるが、宇宙の存在は妖怪とは呼ばないと指摘している。また、知らないこと、すなわち「未知」が妖怪と同義であるかというと、井上はこれも否定する。たとえば「人間が誕生した理由」のように、わたしたちにとってその道理が未知であったとしても、通常見たり聞いたりすることが多い対象については妖怪とは呼ばないのである。

また妖怪は、「異常」「変態」という意味に近いとして、次のように述べている。

世人、平生その耳目に慣れざるものに接するときは、多くこれを妖怪という。例えば狐狸《こり》の化して人となり、あるいは死者の髣髴《ほうふつ》その容貌を現ずるがごときこれなり。しかれどもまた、いたずらに異常、変態なるのみをもって妖怪となすべからず。なんとなれば、人あり、目にいまだかつて見ざるところの外国人に街衢《がいく》の間に遭うも、これを呼びて妖怪となさざればなり。しからばすなわち、妖怪とは異常、変態にして、しかもその道理の解すべからず、いわゆる不思議に属するものにして、これを約言すれば不思議と異常とを兼ねるものなり。

ここで述べられているのは、人びとが通常ほとんど遭遇しないような事象が目の前に現れた時に、しばしばそれを妖怪と捉えるということである。しかし、いくら見慣れない姿形、聞き慣れない音であっても、その理由や出自が明らかになる場合には妖怪ではない。妖怪とは、「異常」であり、かつ「不思議」なものであると井上は論じている。

不思議であり異常な事象という井上の妖怪概念の定義は、「怪異」という語を用いる方が、現代の人びとには理解が容易なように思われる。古代・中世の社会において「怪異」は、神仏や怨霊が示す「これからさらなる凶事をもたらす前兆」を意味していた（高谷 二〇一六）。現代社会において怪異という語は日常的に用いられることは少ない。作家の京極夏彦は、「怪異」は「怪奇」のやや高尚な言い換えとして機能していると論じている（京極 二〇〇三）。自然科学では説明できないような不思議で珍しい現象を意味する「怪奇」「怪奇現象」といった表現は、メディアなどでしばしば目にする。また「怪異」という語の単独使用ではなく、「怪異譚」という語であれば、文学作品などに散見される。「怪異譚」はいわば「怪談」であり、「怖い話」「不思議な話」である。このような用法からも、「怪異」という語と、前述したような「不思議で異常な現象」という意味での「妖怪」概念はほぼ同義である。しかし、わたしたちが一般的な意味で妖怪という語を用いる時、不思議な「現象」そのものを語るのではなく、特定の姿形をもった「自然物ではない存在」を措定している。したがって「怪異」と互換可能な「妖怪」という定義とは乖離が生じている。

キャラクターとして描かれるような超自然的存在は、もともとどのような概念で表現されていたのだろうか。現代における一般的な妖怪の考え方に近いのは、「化物」である。近世においては、庶民向けの草双紙などの読み物において、「妖怪」という文字に対して「ばけもの」のルビが振られていた（香川 二〇一三）。また、近世以前の時代において人びとに危害をもたらす超自然的存在は、化物という総称だけでなく、鬼や天狗、河童、ヤマタノオロチなどの具体的な名で呼ばれていた。

それらの超自然的存在は、人びとへの危害が強調される場面においては化物として取り扱われるが、それが何かのきっかけで信仰の対象となると、神としての性格をもつことになる。たとえば、ため池の底に住むといわれる龍は、たんに人びとに恐怖心を抱かす存在として語られる限りで化物的である。しかし、そこに祠などが建てられ、水の守り神として崇められるようになると、神的な性格を獲得する。このように、超自然的な存在が語られている時に、その存在に対して人びとがどのように向き合うかという姿勢の違いにより、信仰の対象となる神的存在となり、また恐怖や駆除の対象となる化物的存在ともなる。実は、神と化物とは、人びとにとってのメリットとデメリット、およびその存在への人間の態度が異なるだけで、性格上、明確に区別することは困難なのである。

怪異・化物・妖怪

怪異や妖怪については、民俗学や歴史学の分野を中心に研究が進められている。先行する怪異・妖怪研究のなかでも、「妖怪」をどのように捉え、研究の対象とするのかということについて、さまざまな議論が展開してきた。そのなかで、小松和彦は「妖怪」概念について次のようにきわめて明瞭な定義を与えている。すなわち、妖怪は「現象」「存在」「造形」の三つのレベルに分類できるということである（小松 二〇一二）。

たとえば「ぬりかべ」という妖怪を例にあげると、ぬりかべとは、もともと福岡県に伝わる怪異譚で、人が夜に海辺を歩いていると急に前に進めなくなる現象を表していた。この怪異譚の原初段階では「夜道でなぜか前に進めなくなる」という不思議な現象が述べられているだけで、その理由や対策については語られていない。次に人びとはこの「前に進めなくなる」という不思議な現象を理解しようとする。そこで「ぬりかべ」という妖怪存在を生み出した。このぬりかべという存在が人びとの行く手を阻んでいるのだと理解したのである。怪異現象をぬりかべという妖怪存在が原因だとみなすと、人びとはそこから対応策を見出すようになる。ぬりかべの伝承では、棒で足元を払うと前に進めるようになると言われている。

さらに、三つ目のレベルが造形化された妖怪である。小松によれば、古代の日本では、人びとのなかで語られてきた神々や妖怪は、信仰心と恐怖心から造形化されることはほとんどなかったが、それが大きく変化したのは、中世に「絵巻」という表現方法が確立したことがきっかけだとしている。貴族や僧侶、商人が多く住む京都を中心に、詞書と絵によって、それまで各地で語られてきた物語が表現されるようになり、そのなかに化け物や妖怪の類も描かれた。また、香川雅信によれば、妖怪の多様化は江戸時代を一つの最盛期としているという（香川 二〇一三）。鳥山石燕や葛飾北斎に代表されるように、江戸時代の浮世絵師たちは積極的に妖怪を描き、それが世間に娯楽として広まっていった。近代以降は、人びとがキャラクターとしての妖怪を知るきっかけとなったのは、とくに漫画家・水木しげるの影響が大きい。水木は「ゲゲゲの鬼太郎」のなかで、ぬりかべという妖怪をキャラクターとして描いている。以上のように、小松は「妖怪」という概念について三つのレベルでの捉え方が存在することを論じている。

ここで、「妖怪」の概念をめぐる議論をいったん整理してみたい。まず、人間の身の回りには「不思議な事象」が存在する。「不思議」は「不可思議」であり、知ることができないという意味である。これは「奇怪な」という意味だけでなく、原理的に知ることや説明ができない事象も含まれる。井上円了はこのことを「真怪」と表現している。たとえば「なぜ宇宙は存在するのか」という問いには、自然科学も哲学も、他のあらゆる学問領域も明確な答えを示すことはできない。それは、知ることができない事象、つまり不思議な事象である。

不思議な事象が「異常さ」と「非合理性」を伴って発生する場合、それは「怪異」となる。世の中の花にさまざまな色があることの理由は知ることができない。したがってそれは不思議ではあるが、けっして異常ではない。しかしたとえば、数ある同じ種類の花のなかで一輪だけ毎年違う色をつける花があり、その花を摘み取った人が病気に罹った後に死亡したとする。「一輪だけ異なる色をつける花」と「摘み取った人が死亡した」という事象が関連づけて捉えられる場合、その関係を合理的に説明することは難しいし、日常的に発生するようなことでないという点で、異常である。つまり、合理的に説明できない異常な事象という意味で、前述した古典の記述や井上円了の議論で用いられた「妖怪＝怪異」の概念に当てはまる。小松の議論では「現象としての妖怪」である。本来は、「妖怪」の語はこのレベルでの意味をもっていた。そこで、「怪異」と互換できる意味としての「妖怪」概念を「本来的妖怪概念」と表現することにしよう。

本来的妖怪（怪異）が発生する要因はさまざまである。神であったり、死者の怨霊であったり、あるいは生きた人間の強い感情であったりもする。さまざまな本来的妖怪の要因のうちで、特定の超自然的存在が措定された場合、その存在は化物、あるいはお化けと呼ばれる。化物・お化けは、わたしたちが妖怪と聞いてイメージするような存在ときわめて近い概念である。実際に柳田國男は、『妖怪談義』のなかで、天狗、狐、鬼、山姥などを表現するために「お化け」という語を選択している（柳田 一九七七）。しかし、「化物・お化け」と「妖怪」を完全に同義として捉えられるかというと、まだ議論の余地はありそうである。現代怪談において死んだ人の霊が枕元に立つ話などでは、それが「お化け」であっても「妖怪」と表現されることはほとんどない。

そこで次のような関係を考えることができる。人びとに不安・恐怖・危害を加える負の超自然的存在としての化物・お化けは、本来的妖怪（怪異）の要因として措定される。そのなかにキャラクター化・命名された負の超自然的存在、すなわち現代的な文脈での妖怪（今日的妖怪概念）が位置づけられる。本来的妖怪概念（怪異）と化物・お化けとは、それが「現象」を指すのか、「存在」を指すのかで明確に区別することができる。

一方で、化物・お化けと今日的妖怪概念との区別は簡単ではない。前述した死人の霊についても、それに固定された名が与えられ、一つの超自然的存在としてのアイデンティティを獲得して語られる場合、妖怪と捉えられる可能性もある。ここでは、今日的妖怪概念のやや上位の概念として化物・お化けが位置づけられるということを示すにとどめておきたい。以上の議論を整理した図３－１を示す。本書では、この図における「本来的妖怪概念」から「今日的妖怪概念」までを「妖怪」として表現する。

図３－１　怪異・化物・妖怪の概念領域
出所：筆者作成。

2　妖怪の出現する場所の多様性

場所に紐づいた怪異　民俗学者の柳田國男は、妖怪が実際に存在するか否かということを問題とはせず、重要なのは、過去も、現在においても、多くの人が不思議な事象を信じ、また体験しているということだと述べている。柳田は、妖怪について考察することはすなわち、人間について考えることだという視点で、妖怪研究を進めた。柳田による妖怪研究は周知のとおり、日本の各地で語られている妖怪伝承を聞き取り、記録し、それらのもつ特殊性や共通性を考察するという日本の民俗学の基礎的な方法をとる。

柳田は『妖怪談義』のなかで次のように、化物・オバケは場所に対して現れ、幽霊は人に対して現れると論じた（柳田 一九七七）。

> 誰にも気のつくようなかなり明瞭な差別が、オバケと幽霊との間にはあったのである。第一に前者は、出現する場処がたいていは定まっていた。避けてそのあたりを通らぬことにすれば、一生出くわさずにすますこともできたのである。これに反して幽霊の方は、足がないという説もあるに関わらず、てくてくと向うからやって来た。かれに狙われたら、百里も遠くへ逃げていても追い掛けられる。そんな事は化け物には絶対にないと言ってよろしい。第二には化け物は相手をえらばず、むしろ平々凡々の多数に向かって、交渉を開こうとしていたかに見えるに反して、一方はただこれぞと思う者だけに思い知らせようとする。

柳田によるこの化物と幽霊の分類については、さまざまな研究者によって反論されている。たとえば幽霊のカテゴリにおいても、「お菊」という幽霊は、人に対してではなく、井戸に出現する。また「地縛霊」という言葉は、土地に紐づいた幽霊を示す。逆に、「雪女」という化物は、小泉八雲の怪談のなかではある特定の男性に対してその姿を現している。東北地方に伝わる座敷童という化物についても、家々を移動しながら出現場所を変えるという伝承がある。また、そもそも妖怪と幽霊の境界は必ずしも明確ではない。鳥山石燕の描いた「画図百鬼夜行」のなかには、化物の一つの種類としての幽霊が描かれている。怪異と化物と妖怪との関係については本章でもすでに論じた。

しかし、柳田が化物を場所、幽霊を人と結び付けて区別しようと考えた点には、例外はあるものの、日本の国土のなかで語られてきた妖怪が、場所に必然性をもつ類型と、人に必然性をもつ類型があるという点においては重要な視点を提供する。妖怪は人間にとって不可解で異常な出来事、あるいはその出来事をもたらす超自然的存在である。つまり、場所に紐づいて語られる妖怪は、その場所のもつ不気味さ、あるいは人間に具体的にもたらされる危害を表している。言い換えれば、場所の特性と関連する妖怪は、その場所に特有のリスクを表現し、人びとの間で共有することにもつながる。この点において、場所に紐づいた妖怪は、地域の災害リスク、あるいは自然災害に限らず、事故なども含んだ広く安全問題に重要な示唆をもたらす。

山・川・池・道・家・海のそれぞれで語られる妖怪

妖怪が語られる場所はどのように分類できるだろうか。このことについて岩井宏實は、山、海・川、里、家屋敷の四つの場所類型に妖怪を表３－１に示すように分類している（岩井　二〇一二）。

山は人間の生活空間の境界外であり、最も人間が恐れを抱く空間である。そのため、山で語られる妖怪も多岐にわたる。代表としてあげられるのは天狗である。天狗にまつわる伝承として、たとえば人のいないはずの山中から木が倒れるような音が聞こえたが、確認してみても倒木が見当たらないという現象は「天狗倒し」と呼ばれる。また「天狗礫《つぶて》」は、山中に入った際にやはり人がいないにもかかわらずどこからか石礫が飛んでくるという現象である。他にも、人が突然、理由もなく行方不明になるのは、天狗がさらっていったからだと

表3－1　妖怪の出現場所の例

山	天狗，山姥，山爺，一つ目小僧，一本ダタラ，ダイダラボウ，ヒダルガミ，手長足長，山童，コナキ爺，モモンガ，木霊
海・川	河童，舟幽霊，海難法師，亡者船，海坊主，海女房，浪小僧，牛鬼，シバテン，橋姫，川姫，川天狗，川熊，アヤカシ，獺，人魚
里	魃，赤舌，産女，雪女，雪童子，つらら女，ジャンジャン火，ミノ火，ノビアガリ，袖引き小僧，釣瓶下し，ぬりかべ，夜行さん，ろくろ首，のっぺらぼう，一反木綿，ベトベトさん，小豆とぎ，算盤坊主，片輪車，鎌鼬，狐，狸
家屋敷	ザシキワラシ，枕返し，天井なめ，垢なめ，油坊，油赤子，火消し婆，チイチイ小袴，化け猫，土蜘蛛，大首，二口女

出所：岩井の分類をもとに筆者作成。

語られることもある。「ヒダルガミ」は、山中や峠に現れ、取り憑かれた人は急に空腹になり、あるいは動けなくなると言われる。兵庫県の三田市では、ヒダルガミに憑かれないようにするために、山中で弁当を食べる時にはすべて食べてしまわず、一部を残しておくとよいとされている。また、空腹のまま山中に入ることも、ヒダルガミを呼び寄せてしまう。ヒダルガミは、山中で行き倒れた人や餓死者の亡霊であると考えられている。

河童は、川の淵や池に現れ、人を水中に引きずり込んで溺死させるといわれており、日本の多くの地域で類似する伝承がある。河童に引きずり込まれた人は、肛門から手を入れられ尻子玉を抜かれて殺されるともいわれる。川や池に棲み、人びとにいたずらをする妖怪を「カッパ」と呼ぶのは、もともとは関東地方だけであった。同じような妖怪伝承でも、近畿地方では「ガタロ」、九州では「エンコウ」など地域によってさまざまな呼び名がある。

池に出現する妖怪としては、大蛇や龍が多く語られる。兵庫県加古川市には「蛇が池」という池がある。かつてこの池の近くに寺があり、この寺が廃絶する時に鐘が池の中に沈んだ。それ以来、この池の主といわれる龍が鐘を抱き、池の底深くに潜っていると伝わる。この地域では干魃が起こると、村の人びとは蛇が池を掘る作業を行う。この作業を「鐘掘り」と呼び、池の底に沈むと伝わる鐘を掘り出そうとすると龍が怒り、雨が降ると伝わる。

里の妖怪で多くみられるのは、道に現れるタイプである。たとえば「ノビアガリ」という妖怪は、夕暮れ時の坂の上に出現し、みるみるうちにその背丈が伸びていき、それを見ていた人は後方にひっくり返ってしまうというものである。同様の妖怪伝承は「見越し入道」や「見上げ入道」という妖怪名でも各地に伝わっている。「小豆とぎ」や「小豆あらい」といった妖怪は、川にかかる橋の下から「ショキショキ」と小豆を洗うような音が聞こえるが、あたりを見回しても誰もいないという内容の伝承で、いわば音の妖怪である。

家の中に現れる妖怪でよく知られているのは「ザシキワラシ」である。岩手や宮城、青森など東北の広い地域に伝わる妖怪で、ザシキワラシが現れる家は繁栄するが、いなくなると途端に衰退するという。「天井なめ」や「垢なめ」は、人のいない間に家に現れ、天井や風呂桶などをなめる妖怪である。とくに垢なめが現れないように、人びとは風呂桶を常に清潔にしておくように心がけていたという。他に「家鳴《やな》り」は、人がいないはずの場所から音が聞こえる現象である。鳥山石燕は、『画図百鬼夜行』のなかで家鳴りを小さな鬼の姿として描いている。西洋のポルターガイスト現象と類似する内容の妖怪である。

「海坊主」は山陰地方や東北地方、近畿地方の沿岸部に伝わる妖怪譚である。船で航海中に水の中から現れる大きな妖怪で、しばしば船を転覆させたり、船主をさらったりする。出現場所は沖合の海だけではなく、山陰地方では浜辺にも現れるといわれている。夜に浜辺を歩いていると、得体の知れない黒いものが海のなかに引きずり込もうとする。兵庫県明石市で伝わる海坊主の伝承では、海坊主が船に乗ることがある。その時、船に何かが乗った感じがするが探しても何もいない。そこで、杓子で海水を汲んで船先にかけ、その杓子の底を抜いて海に流すとよいとされている。海坊主は時化の日には出ず、凪の日にだけ現れるともいわれている。同じく兵庫県淡路島の洲本では、海坊主に会ったら船で一番大切なものを海に投げるという。

以上、岩井による妖怪の場所類型をもとに、さらに詳細に山、川、池、道、家、海のそれぞれで語られる妖怪の例をみてきた。ここで明らかになったように、妖怪は日本の地域空間のなかでどこにでも現れるというよりも、出現場所にある程度の傾向性を有している。さまざまな伝承内容を見る限り、超自然的存在としての妖怪は、多様な目的と意志をもって行為を選択するのではなく、逆にそれぞれが遂行する行為は単目的である場合が多い。それぞれの妖怪が人間にもたらす怪異現象、言い換えれば妖怪の行為があり、その行為を遂行しやすい空間に出現するのである。すなわち妖怪伝承においてその場所性は重要な要素の一つであると考えられる。

3　自然災害への対応を語る妖怪伝承

地震・津波・洪水・土砂災害の記述を含んだ妖怪伝承

特定の場所において人間が不安や危機感を感じる要因としては、超自然的現象以外だと、たとえば事故や事件、あるいは予期しない動物との遭遇などが考えられる。そのなかでも自然災害は、発生した場合に人間に致命的なダメージをもたらす。すなわち、人間が場所に紐づいた妖怪を語る時に、そこに自然災害への懸念が含まれていることが想像できる。

日本の国土は四つの大陸プレートが沈み込む場所の上に位置する火山列島である。また、モンスーンアジアの東端に位置しており、年平均降水量は世界平均の約二倍に相当する。日本人は古来、そのように変化に富んだ地形と豊富な降雨量によって多くの自然資源を獲得する一方で、洪水、津波、地震、火山噴火などの自然災害リスクと常に隣り合わせで生活してきた。前節で述べたように、多様な場所で多様な働きかけをする妖怪について、自然災害に関連する妖怪伝承にはどのようなものがあるだろうか。

地震に関する妖怪としては、アニメ「ゲゲゲの鬼太郎」にもキャラクターとして登場する妖怪「子泣きじじい」があげられる。子泣きじじいは「ゴギャなき」とも呼ばれ、徳島県に伝わる妖怪である。山中や夜道で赤ん坊のように泣いている妖怪として語られ、それを抱き抱えるとしがみつかれ、だんだんと石のように重くなるといわれている。老人の姿をしているとも、一本足の化物であるとも語られる。子泣きじじいは、大きな泣き声と共に地面を揺らしながら現れるといい、その描写は地震の予兆とも捉えられる。

長崎県に伝わる「蛇女房」という妖怪は、怒りによって大地震と津波を発生させる。ある時、一人の医者が一匹の海蛇を助けた。その後、医者の家に女性が訪ねてきて、二人は結婚することになる。ところが医者が、自分の妻の正体が海蛇だと知ってしまう。そのため、妻は海蛇として海に帰ることになるが、その時に宝珠を家に置いて去っていく。その宝珠がある時、他人に奪い取られてしまったことで、海蛇は怒り狂い、その後、寛政の大地震と津波が発生した。

沖縄県石垣島の星野集落には、津波の発生を予言する「人魚」の話が伝わっている。ある時、漁師の網に人魚が掛かった。漁師はその人魚をどのようにするか思案していたところ、人魚は、海へ帰してくれるよう必死にお願いした。人魚は、海に帰してもらう礼として、これから島を大きな津波が襲うことを伝えた。この人魚の予言を聞いた星野集落の人びとは、山へ逃げたことで津波に飲み込まれずに済んだという。一方で、人魚の言葉を信じずに逃げなかった集落の人びとは流されてしまった。この津波は、一七七一年四月に石垣島近海で発生したマグニチュード七・四の地震による「明和の大津波」であると言われている。

過去に発生した津波の威力を表すような妖怪伝承も残されている。福島県に伝わる妖怪「おな石婆さん」の伝承では、船漕山の頂上にある女石（女婆石）は、過去の大津波で海から流されてきた老婆がそのまま石になったといわれている。同じような伝承は新潟県佐渡市の赤泊地区にも伝わっており、やはり過去に発生した大津波に乗ってやって来たワニ（鮫）が高い山の中腹の洞窟を気に入り、そこに棲み続けているという。そこにはいつも湧き水が出ており、「鰐清水」と呼ばれている。

洪水に関する妖怪はさまざまな地域で多く語り継がれている。岐阜県木曽川の「やろか水」は、洪水の発生を伝える妖怪である。大雨の降り続く時に川の上流から「やろかー、やろかー」という不気味な声が聞こえてくる。この声に対して「よこさばよこせ」と返してしまうと、たちまち鉄砲水によって流されてしまう。福島県の「白髭の老人」の妖怪伝承では、洪水時に川を流れる濁流の上を巨大な倒木に乗って流れてきた白髭の老人が、手に持った鉄の斧で村の中央にある丈夫な橋を打ち壊したといわれている。同じように、水害の状況を伝えるのは、静岡県の「河伯《かはく》」である。この伝承では、洪水時に、水中を牛のような何かが下りていき、さらに水が引く頃には水中を上がっていったという。河伯が移動する時は水が逆立っていると伝わる。

福島県の磐梯山には「手長足長《てながあしなが》」という妖怪が伝えられている。この妖怪は、猪苗代湖の水を手ですくい会津盆地にばらまくことで、水害を起こしたり農作物を荒らしたりしたという。そこで、ある僧が手長足長を小さな壺に閉じ込め、磐梯山の頂上に埋めた。その場所は、村人たちによって「磐梯明神」として信仰の対象となっている。信仰の背景に、過去に水害などの災害に悩まされた経緯が込められているのである。

一目連《いちもくれん》は三重県に伝わる妖怪である。伝承によれば、洪水時に人びとが木の上で助けを求めていた時に、「一目連が救ってくれるに違いない」と祈ったところ、急激に水が引き、人びとは助かったという。一目連は、三重県桑名市の多度《たど》大社別殿に祀られる天目一箇神《あまのまひとつのかみ》と同一視されることから、人びとにわざわいをもたらす妖怪というよりもむしろ、人びとを救済する神秘的存在としての性格が濃い。

土砂災害に関しては、長野県に伝わる「山うば」があげられる。木曽町の黒川の奥に住んでいた山うばが、人から石灰の入った餅をもらい、それを食べて死んでしまった。山うばが死ぬ際に「ガケになれ、ふちになれ」と叫んだことがきっかけで土砂崩れが起こったと伝わっている。

自然災害に関する妖怪伝承の構造

妖怪伝承と防災・減災に関する重要な知見として小松和彦は、洪水怪異伝承に着目し、構造分析の手法をとって考察を行っている（小松 二〇一七）。構造分析とは、いくつかの物語を抽象的に表現し、それぞれの物語の共通性を見出す方法である。小松によれば、洪水怪異伝承の構造は次のように分類される。一つ目は、物語のなかで、結果として洪水が起こった伝承と、未然に洪水の発生を防いだ伝承での分類である。二つ目は、怪異伝承のなかに現れる神秘的存在を、神として祀るか、もしくは邪悪なものとして忌避し、退治するかという分類である。

わたしは、小松による洪水怪異伝承の構造分析をふまえながら、前述したような地震や津波、洪水、土砂災害に関連する伝承の構造についても考察を行った。その結果、自然災害に関する妖怪伝承の物語構造として次のタイプを見出すことができる。それは、⑴災害の誘発要因、⑵災害の予兆・前兆、⑶災害時の状況、⑷被害の回避、⑸災害の履歴の五つである。

まず、災害の誘発要因に関連する妖怪伝承とは、災害が妖怪の働きによって発生する、あるいは妖怪への人間の行為によって災害がもたらされる物語構造をもつタイプである。たとえば、宝珠が奪われ怒ったことで地震と津波を発生させた蛇女房、焼けた石を食べて苦しみながら叫び土砂災害を発生させた山姥などがこのタイプに当てはまる。これらの伝承では、妖怪存在に対して、人間が何らかのアクションを起こしたことがきっかけで災害が誘発されている。

災害の予兆・前兆のタイプは、妖怪の挙動が人びとに災害の発生を知らせる物語構造のタイプである。子泣きじじい、やろか水は、音の妖怪であると同時に、その音の発生が災害の予兆として捉えられている。また石垣島の人魚は直接的に人びとに災害の発生を予言している。これらの伝承では、妖怪の挙動に人間がどのように反応するかによって、災害発生の有無や被害の程度に差異が生じる。

災害時の状況のタイプは、妖怪現象が災害発生時、あるいは災害後の状況を表現する話である。濁流に乗って斧で橋を壊しながら流れていく白髭の老人、水柱を立てながら川の中を進む河伯はこのタイプに分類される。また、全国に伝わる河童の伝承では、河童に襲われた人は、尻小玉を抜かれて死んでしまうという。すなわち、水難に遭って死んだ人の状況が伝えられている。これらの伝承では、妖怪の挙動によって、災害事象の威力、あるいは災害の悲惨さや凄惨さが説明されている。

被害の回避については、事例は多くないものの、妖怪との関わりのなかで災害の状況から人間が救助される、あるいは災害を回避できる内容の伝承である。一目連は、人間が祈ることで洪水をおさめて救済している。また、茨城県や栃木県では、河童の伝承のなかで、餅をついた後に河童に捧げるためにそれを川に流し、さらに人間が水辺に近づく前に餅を食べると水難除けになるといわれている。この河童の伝承は、日常的な祈りと捧げ物により、潜在的な災害リスクを回避しようとするものであり、雨乞いや無病息災を願う祇園祭など、他の多くの祭祀行為に通じる。

最後に、災害の履歴のタイプは、過去に発生した災害を妖怪伝承に込めて伝達する内容である。手長足長や女石婆さん、鰐清水などの伝承がこれにあたる。女石婆さん、鰐清水の伝承では、山の中腹まで津波が押し寄せたことが事実であるかどうかというよりも、通常では想像できないほどの高さの津波が発生しうることを表現しているとも考えられる。また、蛇女房が寛政の大地震の発生原因とされ、石垣島の人魚が明和の大津波を予言したように、妖怪伝承が過去に実際に発生した自然災害と関連付けて語られることもある。

以上のように、自然災害に関する妖怪伝承が、(1)災害の誘発要因、(2)災害の予兆・前兆、(3)災害時の状況、(4)被害の回避、(5)災害の履歴という五つの物語構造を有することを論じてきた。それぞれの妖怪伝承は、いずれか一つのタイプにだけ当てはまるというわけではなく、これらの五つのタイプの物語構造が組み合わさる形で、さまざまなバリエーションが存在する。

ここで示したような物語構造をもつ妖怪伝承は、現代の防災・減災の取り組み、とくに防災教育の観点から重要な意味をもつ。なぜなら、妖怪を語り継ぐことが、意識的・無意識的にかかわらず、地域の特性に応じた災害リスクを認識し、さらにそのリスクの回避行動を実践することにもつながるからである。

地震、津波、洪水、土砂災害に関する妖怪伝承を概観し、その物語構造について考察を行った。自然災害に関わる妖怪伝承は、災害の前兆や被害状況、あるいは発災後に伝えるべき教訓などを含んでいる。地域によって伝承内容が異なるのは、地域の地理的条件や気候、景観、風習など、さまざまな条件が異なるためである。つまり、妖怪伝承はそれぞれの地域の風土性に深く根ざしているのである。

防災・減災における妖怪伝承の意義

水害や地震などの内容を含む妖怪伝承が示すのは、日本の前近代社会においても、人びとの自然災害への懸念が大きなものであったということである。そのような災害リスクを回避したいという人びとの関心が、妖怪伝承という形で語り継がれてきたとも捉えることができる。

ハザードは、空間的な広がりをもった現象であり、一人だけが経験するものではない。そのため同じようなリスクにあった人びとが一定数存在している。たんに個別のリスク体験を伝えるのではなく、ある特定の地域や集団で共有・共感されうるような災害体験が表象化し、他者や後世に伝えていくための一つの装置として妖怪伝承が生まれた。これは自然災害に限らず、人の身に降りかかるさまざまなわざわいについていうことができる。言い換えると、妖怪は人びとにとって好ましくない事象についての説明装置として機能し、そのなかに日本の国土特性のなかで暮らしてきた人びとの自然災害への懸念も含まれているのである。

妖怪伝承は人間が、自然科学的な知見をもってさまざまな自然現象をみる以前の社会において生み出されたものが多い。このことから、一つの妖怪伝承にも、現象の説明としての意味だけでなく、人びとの日常の行為規範や倫理観に関する内容も含まれている。それは、「わざわい」が超自然的存在によってもたらされ、それを避けるためには、何よりも人間が行いを正すことが大切だと考えられてきたからである。通常、現代においてわたしたちは、日常の自分自身のふるまいが直接的に災害を引き起こすとは考えない。しかしそれはあくまで「直接的に」そうでないというだけで、日頃、周囲の状況をよく観察し、他者と適切にコミュニケーションを図ることで、災害発生時に適切な避難行動を取り、また他者に助けられたり、あるいは誰かを助けたり、共助の行動を実践することにもつながる。つまり妖怪伝承が防災・減災のなかで重要な意味をもつのは、地域の風土性に深く根ざした災害情報の伝達装置という点に加えて、「よりよく生きること」と「リスクを回避すること」を包括した教育の実践に貢献する点である。

妖怪伝承の内容が、自然科学的な合理性を有するかどうかという点は大きな問題とはならない。重要なのは、現代に至るまで多くの地域と世代間で妖怪伝承が語り継がれてきたという事実である。このことは、柳田國男も妖怪談義の冒頭で「ないにもあるにもそんな事は実はもう問題ではない。われわれはオバケはどうでもいるものと思った人が、昔は大いにあり、今でも少しはある理由が、判らないので困っているだけである」と述べている。変化する日本の社会で現在においても語り継がれてきたということは、科学技術が発達した社会を生きる人びとも、そこに何かしらの意味や価値を見出していると考えることができる。本書の議論は、そのような妖怪伝承の価値を、現代の防災教育において再評価しようとする試みである。次章では、妖怪伝承を活用した防災教育プログラムの実践について論じる。

第4章　妖怪を知的資源として活用した防災教育プログラム

1　防災教育をめぐる現状と課題

東日本大震災で再認識された防災教育の意義　二〇一一年三月一一日に発生した東日本大震災は、一四時四六分、つまり子どもたちが学校で生活している時間や、学生が授業を終えて家に帰宅する時間に発生した。このことから東日本大震災が学校現場に与えた衝撃は大きく、学校での防災教育の重要性を再確認する契機になった。

岩手県宮古市では、「日本一の防潮堤」に信頼を寄せていた地域で住民が逃げ遅れ、犠牲者が出た。その一方で、釜石市では小中学生の生存率が九九・八パーセントと高い値を示している。釜石での高い生存率が示すのは、日常における防災教育の重要性である。

釜石市では、東日本大震災当時、群馬大学に所属していた片田敏孝が、震災以前から地域の子どもたちへの防災教育に携わっていた。そのなかで片田が子どもたちに伝えていた「避難三原則」が、発災時の人びとの行動に大きく影響していた。その三原則とは、⑴想定にとらわれるな、⑵その状況下で最善を尽くせ、⑶率先避難者たれ、の三つである（片田 二〇一二）。子どもたちが状況を見きわめながら、より安全だと思われる場所に避難する姿をみて、地域の大人、あるいは他の子どもたちも続いて避難したことが、高い生存率につながった。この避難三原則の根底にあるのが、「津波てんでんこ」という言い伝えである。「てんでんこ」は、「てんでばらばら」といった意味で、地震が起きて津波が襲来する可能性がある状況では、まず他者にかまわず自分が迅速に避難行動をとることが重要だというメッセージが込められている。また、「てんでんこ」には別の重要な意味も含まれている。それは、「災害発生時には自分は率先して避難する」ということを、家族内で事前に確認・了解しておくことである（矢守 二〇一二）。そうすることで、家族のことを心配せずにまず自分が率先避難を実行することができるのである。

片田は、過去の災害の恐怖を伝えたり、あるいは災害発生のメカニズムやハザードマップなどの知識を与えるだけでなく、「姿勢の防災教育」を推進していくことの重要性を述べている。すなわち、釜石の子どもたちが実践したように、災害から自分たちの命を守る主体性をいかにして醸成していくかという課題に取り組むことである。小学校低学年では、災害に関する専門的な知識や発生のメカニズムを理解するのは難しい。低学年児童における防災教育の目標としては、たとえば「災害に関心をもつことができるようにし、災害時の安全な行動について考えることができるようになる」、「災害により引き起こされる危険について関心をもち、自ら危険を回避する方法を考えられるようになる」といった項目があげられる（文部科学省 二〇一三）。すなわち、災害現象の詳細なメカニズムを理解する以前に、自然災害に関心をもって、発災時に何かしらの行動がとれるような防災教育のプログラムが必要になる。このような課題は、子どもを対象とした防災教育に限らない。大人であっても、防災に関心のない人、あるいは何となく自分の周りでは災害が発生しないだろうと考える人は多い。

多様な防災教育プログラムの開発とその課題

子どもから大人まで、多くの人びとが自然災害や防災に関心をもつきっかけをどのようにつくりだせるだろうか。そのための取り組みとしては、「防災カルタ」や「防災運動会」などがあげられる。「防災カルタ」とは、地震や津波などから身を守るために大切なことを伝え、記憶に残すために、絵でイメージを喚起しながら繰り返し遊んで学ぶ方法である。「防災運動会」とは、防災訓練に競技・ゲーム要素を取り入れて、担架リレー、バケツリレー、防災クイズなどを行い、楽しく参加できるイベントである。

ＮＰＯ法人プラス・アーツが展開している「イザ！カエルキャラバン」は、防災訓練とおもちゃの交換会を組み合わせる形で、子どもたちが遊びの延長で防災知識を身に付けるイベントを展開している。イベントでは、水消火器による的あてゲームや防災すごろくなど多様なコンテンツを用意している。このように、小学生が楽しく防災について学ぶことができ、災害による危険性に関心を抱くきっかけとなるような活動が積極的に行われている。

「防災教育ＳＷＩＴＣＨ」では、新潟県内で行われているさまざまな防災教育の取り組みを紹介するとともに、学校教育の現場において、子どもたちが関心をもって取り組める防災授業のプログラムや教材を公開している。そのなかでは、災害時を想定した料理体験や地域住民との協働による安全マップづくりなどについて、その手順やポイントを詳細に紹介している。

住民自ら防災マップを作成する取り組みも各地で実践されている。たとえば、岡山市危機管理局は、「まち歩き防災マップの作り方」を公開し、住民が自分たちの目で地域の危険個所や避難所を確認し、地図に情報を落とし込んでいくことで、防災コミュニティの活性化を図る取り組みを推進している。

文部科学省は子どもたちを対象にした防災教育の課題として、地域特性に適合した防災教育の展開をあげている（文部科学省 二〇一三）。ここでの地域特性とは、地形や地質などの物理的特性と、その地域の社会や文化の両方を含んだ意味である。地形や地質の特性によっては、自然災害に伴い大規模な二次災害が生じる可能性もある。たとえば地震後、山麓地域では大規模な斜面崩壊が発生したり、沿岸部の地域では津波が発生する可能性がある。そのため、地形の特徴や学校・家・避難所の立地場所、通学路の状況を把握しておくことが必要である。また、地域の文化を防災教育に反映させていくことは、その地域で発生しやすい災害や危険を知るという意味で重要である。

以上のように、日本における防災教育の重要な課題として、⑴子どもたちをはじめ多様な人びとが関心をもって自主的に学べる、⑵地域の環境的社会的特性を組み込む、という二つをあげることができる。そこで、これらの項目を満たす防災教育を行うための方法として、妖怪伝承を知的資源とする防災教育プログラムを提案したい。妖怪は「ゲゲゲの鬼太郎」や「妖怪ウォッチ」などのアニメとして子どもたちから大人までの間に浸透していることから、多くの人が関心と興味をもって主体的に防災の問題に取り組むことができると考える。また、前章で詳細に論じてきたように、妖怪伝承は古来、災害への教訓を継承するためにも用いられており、それぞれの地域の環境および社会的文化的特性とも深く結びついている。この章では、日本の国土特性とそこに暮らす国民性の両方に深く根ざした新たな防災・減災のあり方を提示する。

2　妖怪伝承を活用した安全ワークショップの枠組みの検討

妖怪安全ワークショップのねらい　妖怪伝承は、ある地域空間で、人びとがさまざまなリスクを共有し、伝達していくうえでの重要な機能をもつ。このことに着目し、妖怪を活用したワークショップについて紹介しよう。このワークショップの目的は主に三つある。

一点目は、防災教育において妖怪を一つの知的資源として用いることの可能性を検討することである。現代の子どもたちにとって妖怪は、さまざまなアニメキャラクターとして親しむ機会が多い。アニメのなかでも、人間にわざわいをもたらす妖怪の姿が描かれていることから、子どもたちは、「人びとにとって好ましくない事象をもたらす存在」としての妖怪について一定程度理解していると考えられる。そこで、子どもたちが普段意識していない地域の危険、あるいは経験したことのない自然災害を考えるうえで、あえて妖怪という装置で媒介することで、子どもたちが関心をもって学ぶ機会を実現できると考えた。つまり、従来の自然科学的知見によるハザード事象や自然災害リスクの検討という教育プログラムではなく、妖怪という文化的・社会的装置を介して、子どもたちが身の回りのさまざまなリスクを認識し、意識化しうるかということを検討する。

二点目に、妖怪を用いることで、子どもたちが「リスク―対処方法」の関係を明確に捉えることである。前章でも触れてきたように、妖怪伝承では「妖怪によってもたらされるリスク」と「妖怪への対処方法」がセットで語られるケースが多くある。防災・減災の取り組みにおいても、被害を回避するうえで重要なのは、災害発生のメカニズムを理解するだけでなく、リスクが顕在化した際にどのような行動をとるかということである。すなわち、妖怪を検討するプロセスを通して、子どもたちが能動的にリスクへの対処方法を検討することへとつなげていく。

最後は、ローカルなリスク情報の可視化と共有である。「ローカルな」というのは、子どもたちをはじめ、自らが生活する空間においてどのようなリスクポテンシャルがあるかということを、自身の経験、あるいは身の回りの人間からの情報により可視化していくということである。一般的な地震や洪水といった自然現象の説明・理解とは別に、普段の生活行動圏とそこでの自身のふるまいを念頭に、具体的なリスクの抽出と、それらを他者と共有するための方法について検討する。

ワークショップの枠組み　ワークショップのプログラムは大きく分けて三段階で構成した（図4-1）。すなわち、(1)妖怪クイズ、(2)妖怪探しフィールドワーク、(3)妖怪マップの作成、である。

はじめに、「妖怪クイズ」を行う。これは、子どもたちがどの程度妖怪について知っているのか、どの程度妖怪に興味があるのかを知るとともに、前章までに述べてきたように、妖怪がさまざまな場所に出現すること、さらに妖怪は人間に危険を知らせる存在でもあることを共有するためである。最初は子どもたちが慣れ親しんでいるアニメに登場する妖怪のキャラクターなどから始め、次に江戸時代の浮世絵などで描かれる「天狗」

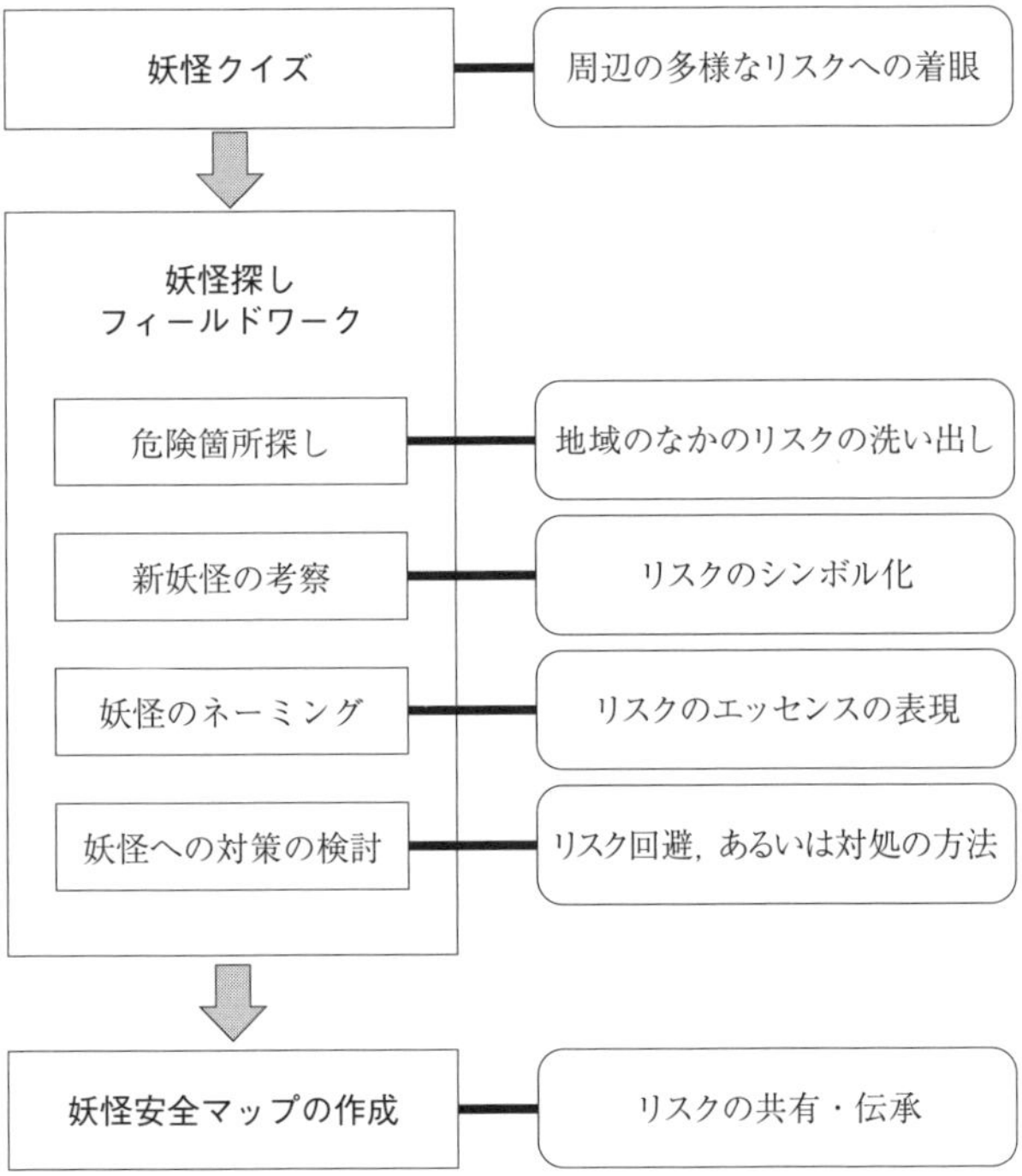

図４－１　妖怪安全ワークショップの枠組み
出所：筆者作成。

「河童」「海坊主」「小豆あらい」などの妖怪についてのクイズを出す。最後に、「一目入道」「いわな坊主」などあまり知られていない妖怪の名前や性格について問う。これらのクイズを通して、日本における妖怪の多様性、さらに妖怪がもたらすさまざまなリスクを考える。すなわち、多様な妖怪とその性格を知ることで、環境のなかに多様なリスクがあることを共有する。

次のステップとして、「妖怪探しフィールドワーク」を行う。フィールドワークでは、まず実際に外を歩き、地域空間の危険な個所を探す。そうすることで、地域のなかのリスクを洗い出す。次に、危険個所に現れる妖怪を考案し、その妖怪のネーミング、さらに妖怪への対策を検討する。この時に考える妖怪は、完全にオリジナルの創作でもよいし、既存の妖怪をアレンジする形でもかまわない。危険個所に現れる妖怪を考えることは、その場所のリスクをシンボル化することでもある。また妖怪のネーミングは、その妖怪の性格、あるいは妖怪がもたらすリスクのエッセンスをコンパクトに表現する作業である。妖怪への対策は、「その妖怪はどんな悪さをするか」ということをふまえて、「妖怪に襲われないためにはどうしたらよいか」という問いを立てることで、リスクの回避や対処方法を検討する。子どもたちが身の回りに出現する妖怪を考案する作業を通して、自分の目で地域空間を眺め、そこに潜むさまざまなリスクを確認しながらその対処法までを自ら考えることが目的である。

最後に、「妖怪安全マップ作成」である。フィールドワークのなかで考えた妖怪を絵や文字で子どもたちが詳しく表現し、発表する。「絵や文字」としたのは、絵が苦手な子どもや文字が苦手な子どももいるため、表現方法を指定しないことで子どもたちの自由で多様な表現を実現する。さらにその妖怪を発表し、他の参加者と共有しながら、地図のなかに出現場所をプロットしていく。妖怪の出現マップが、子どもたちの認識する地域の危険マップになるのである。そうすることで、個々の経験や認識に基づいたリスクを他者や地域全体で共有するための資料とすることを目指す。

3　妖怪安全ワークショップの実践

子どもを対象とした基本のプログラム

社会実験では、次の二つのタイプのリスクを想定してプログラムを検討した。それは、(1)子どもたちにとって身近な危険を題材にしたもの、(2)子どもたち自身は経験していない大規模自然災害を題材にしたもの、の二つである。各ワークショップでのテーマの設定は、時間、参加人数、開催場所などの諸条件に応じ、事前に決定した。まず「身近な危険」をテーマに行ったワークショップの内容をみていこう。

明石市立西部図書館（以下、西部図書館とする）では、二〇一五年より夏休み講座として妖怪安全ワークショップを開催している。参加対象は小学生である。定員は一〇名程度に設定し、基本的には保護者は同席しない。図書館利用者に対して広く参加者を募集するため、ワークショップに参加する子どもたちどうしはほとんどが初対面である。ワークショップの手順は先述した通りで行い、オリジナルの妖怪は子どもたち一人につき一つ以上考えることとしている。ワークショップの時間はトータルで一時間半としている。

ワークショップの導入部で行う「妖怪クイズ」では、アニメに出てくるキャラクターについては、参加した子どもは積極的に手をあげ、発言する様子がみられる。また、「河童」や「天狗」なども子どもたちにはなじみがあり、河童は川に現れて人を溺れさせることや、天狗は強い風を起こすことを答える子どももいる。

次に、山、川、池、道、家、海など、出現場所を類型として、各場所に現れる妖怪を紹介する（妖怪の場所性については第3章を参照）。身の回りのさまざまな場所にリスクが潜んでいることを、クイズを通して共有するためである。

さらに妖怪クイズで出題した妖怪について簡単に説明する。「天狗」は人をさらったり強い風を起こす、「河童」は人を川や池に引きずり込む、「海坊主」は大きい波を起こして船を沈める、「すねこすり」は人を転ばせる、といった内容である。このことを聞いて「怖い」と発言する子どももいるが、「一目入道」は約束を守ると新鮮な魚をくれる、「ぬりかべ」は足元に気を付けておけば前に進める、「見越入道」は急な坂道でも落ち着いていれば転ばないなど、妖怪は危険を知らせる存在でもあることを、妖怪クイズを通して共有する。そうすることで子どもたちは、「妖怪＝怖い存在」というイメージだけでなく、妖怪の性格を知ることでリスクを回避できることを理解する。妖怪クイズでは、妖怪の名前だけでなく、詳しい解説を含めることにより、事前に妖怪に関する知識をもっていない子どもでも興味を示すようになる。

西部図書館の周辺にはため池が三つと公園があるのが特徴である。ワークショップでは、池の土手や公園内、細い路地が多い住宅街を歩きながら、危険な箇所を探す（写真4－1）。子どもたちは周りを観察しながら探検し、「ここが危ない」という場所を見つけると、同行した講師やスタッフに随時報告する。そうすることで、参加者が現地において創発的にリスクを見出すきっかけを生み出すのである。

フィールドワークの後は屋内に戻り、危険な場所に現れるオリジナルの妖怪を考える。子どもたちは、一緒にワークショップに参加した友人や図書館の職員などと相談しながら、オリジナルの妖怪を検討する。これまでに実施したワークショップでは、複数の妖怪を思いついている子どもがいる一方で、アイデアが出ない子や、思いついてもなかなか文字や絵にして書かない子どももいた。子どもによっては一人で考えて発表することにプレッシャーや不安を感じることもある。そのため、子どもたちの様子を観察しながら、場合によって一人ではなくグループで話し合いながら一つの妖怪を考えることや、子どもだけでなく親も参加するなどの方法も試みる必要がある。

子どもたちが考えた妖怪の例として、二〇一六年に西部図書館で実施した際の結果を表4－1に示す。前述したように西部図書館の周りにはため池が複数あり、公園内には親水空間として水路が整備されている。このような環境から、池や川に現れる妖怪を考えた子どもが多かった。子どもたちはそれらの水辺を身近なものとして感じる一方で、リスクを認識しやすい場所でもある。

写真4－1　ため池周辺の危険な場所を探す子どもたち

子どもたちは次に、考案した新しい妖怪と一緒に、その妖怪に襲われた時に助かる方法を考えた。その結果、たとえば「つるつるねこ（番号2）」は手で岩を触って確かめる、「バランスくずし（番号6）」は両手を広げて歩くなど、自分自身が注意を払うことで助かると考えた子どもがいた。一方で、「くさがくれ（番号5）」のように、定期的に草を刈るなど、街路の管理を適切に行うことで妖怪に悪さをされないと考えた子どももいた。

保護者同伴によるプログラム

原則的に子どもだけが参加する基本のプログラムでは、子どもたちが自由に、自分の視点と発想で地域のリス

表4－1　明石市立西部図書館でのワークショップで考案された妖怪

番号	妖怪名	出現場所	内　容	対　策	リスクの種類
1	キリキリ妖怪	川，池	川や池で遊んでいると，この妖怪の仕業で足に切り傷ができる。	靴やサンダルを履いて水の中に入る。	ケガ
2	つるつるねこ	公園，池川，池水路	岩に化けている。背中がツルツルしているので，上に乗った人は滑って転んで，水の中に落ちてしまう。	手などで岩の表面の状況を確かめる。	水難，ケガ
3	だまし女	川，池	女性が流されているのを男性が助けようとすると，その女性に水の中に引きずり込まれる。	明るく，周りの状況がよくみえるときに助けると引きずり込まれない。	水難
4	そこぬけ	橋	透明になって姿を隠すことができる。橋に住んでおり，人が橋を歩いていると，川に落とす。		落下，水難
5	くさがくれ	川，池，水路	草に隠れて，近くを通った人の足に絡みつき，水の中に落とす。	定期的に草刈りを行うと現れない。また，巻きつかれたらハサミで切る。	水難
6	バランスくずし	川	川で人のバランス感覚を崩して，水に落とす。	両手を広げてバランスをとりながら歩く。	水難

出所：筆者作成。

クを検討できる。一方で、一人で考えて発表することが不安と感じる子どもがいる。そこで、保護者同伴によるプログラムを実施することもある。ここでは、二〇一六年に実施した兵庫県立明石公園をフィールドとしたワークショップの内容を紹介しよう。

明石公園でのワークショップでは、子どもだけでなく、その保護者も一緒にプログラムに参加し、親子でのワークショップを展開した。参加者の年齢構成は、未就学児から高校生まで多様であった。ワークショップの手順は、西部図書館で実施した基本のプログラムの内容に加え、講師が実際に体験した不思議な話や自然災害の話を最初に行った。これは、子どもたちが経験したことのない自然災害について想像を膨らませるきっかけとするためである。また、フィールドワークの後に新しい妖怪を考える際、子どもだけでなく保護者も一緒に考えることとした。ワークショップの時間は、人数が二〇名を超えたことから、余裕をもたせるために三時間とした。

「地域の危険探し」では、明石公園内の森を探険した。森は、子どもたちが日常的に遊ぶ公園や広場とは違い、木や草むら、古い井戸などもあり、普段見ない景色であることから、子どもたちはさまざまな箇所に目をやりながら歩いていた。このワークショップにおいても、危険な箇所を見つけた子どもは、講師や図書館職員、保護者に積極的に話しかけていた。また、なかなか危険を見つけることができない子どもでも、保護者と一緒に歩き、アドバイスやヒントをもらうことで徐々に主体的に危険個所を見出す様子が見られた。

フィールドワークの後は、明石市立図書館のセミナー室でオリジナルの妖怪を検討した（写真4－2）。保護者同伴であることから、子どもたちは保護者と相談しながら多くのアイデアを出していた。まだ幼稚園児の子どもでも、親と絵を書きながら、オリジナルの妖怪を考えることができた。このことから、保護者同伴で行うことは、子どもの多くのアイデアを保護者が聞き取ることで意見の多様性が担保されるといったメリットがあると考えられる。

写真4－2　考えた妖怪を発表する子ども

明石公園でのワークショップで子どもたちが考えた妖怪を表4－2に示す。子どもたちが考案した「妖怪に襲われないための方法」にはさまざまな種類がみられた。そのなかで、「人をいじめないこと（番号12）」のように、日常の倫理的行動規範と災害リスクとを関連付けるものもあった。また、「呪文を唱える（番号22）」など、まじないのようなリスク回避方法も提案していた。子どもたちによる妖怪の発表後は、それぞれの妖怪の名前を書いた付箋を、明石公園周辺の大きな地図に貼り付けていき、「妖怪安全マップ」を作成した。このマップを図書館の廊下に掲示することで、ワークショップに参加しなかった子どもたちも、公園内のさまざまなリスクを共有することがで

表4－2　明石公園でのワークショップで考案された妖怪

番号	妖怪名	出現場所	内　容	対　策	リスクの種類
7	さかへび	坂道	坂道で自転車のスピードを急に加速させる。	坂道を自転車でくだる時は，止めたり，降りて押したりして，ゆっくり行く。	交通事故
8	目なし鼻なし女	崖	人を崖まで誘い出し，驚かせて，崖に落とす。	目なし鼻なし女の苦手な水をかける。	落下
9	ぼうしなくし	公園	人がかぶっている帽子を隠してしまう。		紛失
10	しっかく	道	夜の道に現れて，人を穴に落として誘拐する。	ライトなどで照らしながら歩く。	誘拐
11	ぬるっち	森	夜の森の中に現れていたずらをする。		いたずら
12	ころばしや	階段，橋	人を転ばせたり，突き落としたりする。	人をいじめなければ襲われない。	転倒，落下
13	こけだん	道，階段	段差を越えようとした時に，手が出てきて人の足をつかんでころばせてしまう。	襲われないためには，おとりの足を使う。	転倒
14	まっすぐかみ	池	池の近くを歩いていると落とされてしまう。	スキップしながら歩く。	水難
15	穴っ木ー	森，公園	木がたくさんはえているところに住んでいる。夜になると木の幹の穴が光り，虫や人をその中に閉じ込める。	夜は穴のたくさんある木に近づかない。	誘拐
16	かぎひろい	公園	公園で遊んでいる人の鍵を隠してしまう。		紛失
17	おれぎ	公園，森林	木のたくさんはえている場所に隠れている。おれぎの下を通ると，折れた木が落ちてくる。	折れそうな木や枝にはテープを張って印をつけておく。	ケガ
18	さかかお	坂道	坂道から人を落としてしまう。	危ない坂道に近寄らない。	転倒，落下
19	三角つまづき	階段	階段に現れて，人をつまづかせる。	足元に現れる三角つまづきをよける。	転倒，落下
20	ひとつめろくろ首	階段	屋外の階段に現れる。悪いことはしない。		
21	こかし妖怪	公園，道	石の姿に化けていて，歩いている人をこかせる。	木でたたくと逃げる。	転倒
22	いしかべ	坂道	坂道に現れて，人を通せなくする。	呪文を唱える。	交通困難
23	かいだだん	階段	階段の段数を一段ずつ増やしてしまう。	階段の段数を数えながらのぼる。	交通困難
24	さかたぬき	坂道	大勢のたぬきが化けて坂道になっている。		
25	ころばせウサギ	道	人を転ばせる。	足元に気を付けるか，ポケットに手を入れないで歩く。	転倒
26	きり鬼	公園，森林	木を切って人にケガをさせる。	「きり鬼，木を切るな」と呪文を唱える。	ケガ
27	べろだしおばけ	道	自分のベロを道に化けさせて，そこに人をおびき寄せ，食べてしまう。	夜に出歩かない。	誘拐

出所：筆者作成。

きる。

明石公園で実施した際に特徴的だったのは、「柵が倒れる」「木が倒れる」「階段で転ぶ」といった公園内で発生しやすいリスクに関する妖怪が提案されたことである。ワークショップの評価としては、参加した子どもが、「家の周りにも、妖怪が出そうな危ない場所があったら教えてあげたい」と答えており、身の回りのリスクへの意識向上がみられた。

実施時間を長くとったプログラム　ワークショップの時間を長く設定し、子どもたちがより深く地域のリスクと妖怪について考えるプログラムも実施している。ここでは、神戸市須磨区の白川台児童館で実施したワークショップの成果を紹介する。白川台児童館では、学童保育の子どもを対象に休日に行ったことから、昼休憩一時間を含め全体で五時間のプログラムとした。

妖怪クイズでは、他の実施例と同様に、子どもたちの妖怪に対する知識量により、積極的に答える子どもとそうでない子どもで差があった。しかし、白川台児童館でのワークショップでは、昼に休憩をはさみ、自由時間が一時間程度あった。そのため、子どもたちが講師に対して、最初に行った妖怪クイズをもう一度行ってほしいと頼み、繰り返し同じクイズに取り組む様子がみられた。それにより、自身で妖怪図鑑を調べるなど、ワークショップへの積極性に変化が生じていた。

白川台児童館ではワークショップの全体の時間が五時間あったため、子どもたちがオリジナルの妖怪を考える時間を十分にとることができた。そのため、多くの妖怪を考えた子どもや、一つの妖怪に時間をかけて絵や文字で表現していた子どももいた。

さらに、ワークショップの実施時期が冬であり、当日は気温が低く、天候も雪が降るなどやや荒れていた。このことから、「雪」や「氷」などについての妖怪を提案する子どもが多くいた。

白川台児童館の子どもたちが考えた妖怪を表４－３に示す。このワークショップのなかでは、過去に車との

表４－３　白川台児童館でのワークショップで考案された妖怪

番号	妖怪名	出現場所	内　容	対　策	リスクの種類
28	ベンチくさらせ女	公園	公園のベンチを１秒で腐らせてしまう。	襲われないためには，座ってばかりいないで，外で元気に遊ぶ。	転倒，ケガ
29	雪男		雪を降らせる。	外で元気に遊ぶと襲われない。	悪天候
30	雪ふらし	山	雪を降らせて，人が歩けないほど積もらせることで逃げ場をなくす。	天気が悪い時には山に近づかない。	遭難
31	白黒たま	道	ガードレールへの落書きなど，悪いことをする人を食べてしまう。	悪さをしない。	誘拐，行方不明
32	おちばふらせ小僧	山	落ち葉を空からたくさん降らせて，人を歩きにくくする。	山の中はゆっくり歩く。	転倒，ケガ
33	おちばけ	山	落ち葉に変身して，山道を歩く人を滑らせる。	かわいい人に変装して「通して」と言い，「どうぞ」と言われると通してもらえる。	転倒，ケガ
34	おち妖怪階	段階	段から人を突き落としてケガをさせる。	ポケットに手を入れて歩かないようにする。	転倒，ケガ
35	吹きじじい		外を歩いているときに急に雪を降らせて前を見えなくする。	ゆっくり歩く。	事故
36	石垣むすめ	道	もろくなっている石垣の石を崩して，横を歩いている人にケガをさせる。	危なそうな石垣には近づかない。	ケガ
37	どんぐりころりん	階段	どんぐりを落として階段から滑らせる。	階段でどんぐりが転がってきたら，拾って食べるふりをする。	転倒，落下
38	雪女		雪を降らせて歩けないくらい積もらせる。		悪天候
39	マンホールねこ	道	マンホールの近くに隠れており，人間の足を引っかけてころばせてしまう。	足元を気にしながら歩く。	転倒
40	人ったくり	道，水路	溝に隠れていて，人や物を隠す。	危なそうな溝や水路には近づかない。	誘拐，紛失
41	フェンス穴あけ	公園，道	フェンスに穴をたくさんあける。	フェンスの素材を丈夫にする	いたずら
42	吹きじじい	道	急に雪を吹いて前を見えなくして，車と事故を起こさせる。	ゆっくり歩く。交差点では周りをよくみる。	事故
43	ろくろ吹きじじい		雪を降らせる。	火を見せると溶けてしまう。	悪天候
44	すべらせうさぎ	山	山道で，落ち葉に化けて人を穴の中に引きずり込んでしまう。	山道はゆっくり歩く。もしくは山に近づかない。	誘拐
45	かべばけ小僧	道	壁に化けて人を困らせる。		いたずら
46	うしろさり車	道，家	駐車している車を急に動かして人にケガをさせる。	車の近くを歩くときは注意する。	事故
47	ガタガタ	道	表面がガタガタな道で人をころばせる。	ジャンプしながら歩く。	転倒

出所：筆者作成。

交通事故を起こしそうになった経験のある子どもが、「うしろさり車（番号46）」という妖怪を提案した。この妖怪は、停車している車を急に動かすという悪さをするもので、災害だけでなく、交通事故に関連する妖怪も提案された。また、フィールドワークで、雪が降っていて喜んでいた子どもは「雪女（番号38）」や「ろくろ吹きじじい（番号43）」といった雪を降らせる妖怪を提案した。初めて学校の裏山を歩いた子どもは「おちばけ（番号33）」など、探検時に実際に体験したことを妖怪で表現していた。

白川台児童館でのワークショップから言えることは、妖怪安全ワークショップの実施にあたって、その土地の地理的特性だけでなく、実施日の天候などの条件によっても、子どもたちの着眼点や提案内容が変わってくるということである。

事前ヒアリングを組み込んだプログラム　西部図書館、明石公園、白川台児童館のワークショップからみえるのは、子どもたちは自身が経験したことのあるような身近な危険については積極的に妖怪を考えるものの、水害や地震などの大規模自然災害に着目することがほとんどなかったことである。すなわち、子どもたちは自分が経験したことのない大規模な自然災害に対してはリアリティをもちづらいということが考えられる。

そこで神戸市立筑紫が丘小学校では、事前に地震や洪水などの自然災害を経験した大人にヒアリングを行い、そのうえで妖怪を検討するプログラムを実施した。対象は、小学校三年生二七名である。小学校ということで、ワークショップに参加する子どもたちはクラスメートであり、友達どうしである。小学校の授業一コマ分（四五分）で行い、事前に課題を配布した。課題は「家の人や周りの大人に、今までに経験した自然災害について聞いてみる」という内容である。ワークショップでは五、六人のグループとし、グループで一つ、新しい妖怪を考えることとした。また、授業時間が四五分と他のワークショップに比べて短いことから、通常通り妖怪クイズを行い、地域の危険個所探しのフィールドワークを省いた。代わりにグループ内で、事前に行った課題を用いながら災害について話し合う時間を設け、その後、新しい妖怪を考えるという手順とした。事前課題では、

表4-4　筑紫が丘小学校でのワークショップで考案された妖怪

番号	妖怪名	出現場所	内　容	対　策	リスクの種類
48	地震巨人		地震巨人が笑ったり大声を出すと地震が起きる。	授業中に静かにしていないと地震巨人に襲われてしまう。	地震
49	バターン	道	地震を起こして，塀を倒して，人を襲う。	塀の近くを歩いているときに地震の揺れを感じたら，すぐに塀から離れて，道の真ん中を通る。	地震
50	土こみー	地中	地面の砂を動かして地震を起こす。その後，地面のヒビから手を出して，人を中に引きずり込む。土の中で人間を食べてしまう。	地震が発生した時に，道路などのひび割れには近づかないようにする。	地震
51	いのしし男	山	足ふみをして地面を柔らかくして，山を崩し，その衝撃で地震を起こす。	大きな声が聞こえたら，土砂崩れや地震が起きるのですぐに逃げる。	地震，土砂災害
52	台風タイガー	空	雲の上で走り回って台風を起こす。家族と離れ離れになった時の集合場所を決めていない人の上に雷を落とす。	普段から家族と話して，集合場所を決めておく。	台風，雷

出所：筆者作成。

周りの大人へのヒアリング項目として、「地震・洪水・土砂崩れ・津波・雷・雨」の六つの災害を設定した。

子どもたちが用いたヒアリングシートでは、前述の自然災害のなかで、ヒアリング対象の大人が経験したことのあるものについて、(1)災害が起きる前の様子、(2)災害発生時の状況（音、においなど）、(3)災害のあとの教訓・反省点の三項目について質問する内容になっている。各グループで新しい妖怪を考えるときは、事前課題で周りの大人に聞いた話をメンバーで共有しながら、話し合いを進めた。

子どもたちが考えた妖怪を表4-4に示す。主題とした災害の種類では、地震に関する妖怪を考えた班が五班のうち四班あった。これは、児童の親世代が阪神・淡路大震災を経験していることが大きい。「いのしし男（番号51）」という妖怪を考えた班は、「山の方からいのしし

写真4－3　考案された妖怪「バターン」

男の大きな声（音）が聞こえたら、土砂災害の危険性がある」という内容で発表した。これは、「やろか水」や「子泣きじじい」と同じように、災害の前兆を妖怪の挙動に込める構造となっている。また、妖怪の特徴として、「ひび割れを起こす」や「足踏みをして地面を柔らかくする」など、地震時に起こる現象を妖怪で表現した班もあった。なかでも「バターン（番号49）」という妖怪（写真4－3）を考えた班は、地震による大きな揺れを感じたら、塀が倒れて人が下敷きになることがあるため、まず塀から離れることの重要性を説明した。

この「バターン」という妖怪の性質から思い起こすのが、二〇一八年六月に発生した大阪府北部地震である。この地震では、学校のブロック塀が倒壊し、その下敷きになった児童が死亡するという被害があった。ワークショップのなかで「バターン」という妖怪を考案した児童たちは、そのようなリスクが大規模な地震の際に発生しうることを、自らが経験しなくとも、他者の語りのなかから理解していたのである。

4　風土性と身体性に基づく安全教育プログラムの構築に向けて

妖怪安全ワークショップがもたらす価値　以上のように妖怪安全ワークショップは、子どもだけでなく、大人も楽しみながら、地域の潜在的な災害リスクを抽出し、共有することにつながる。この点において、子どもを対象とした防災教育だけでなく、地域防災の実践活動のなかでも活用可能性のあるプログラムである。

本章では、日本の地域社会で伝統的に受け継がれてきた妖怪を知的資源として、子どもたちから大人までが主体的に地域のリスクポテンシャルを見出し、その対処法を検討する機会について論じてきた。妖怪安全ワークショップは主に、(1)妖怪の出現場所およびもたらされるリスクの多様性の共有（妖怪クイズ）、(2)空間共有体験に基づく地域空間の具体的リスクの分析（妖怪探しフィールドワーク）、(3)リスクおよびその対処方法の共有（妖怪マップの作成）、の三つの基本ステップから構成される。この基本ステップに、事前のヒアリングを加えることにより、大規模自然災害などワークショップの参加者が体験したことのないようなリスクを事前に認知し、その対応策について主体的に検討することができるようになる。伝統的な妖怪伝承の形成経緯と、本章で論じてきた妖怪安全ワークショップとの関係を、図４－２のように表すことができる。

妖怪伝承は場所性をもって語られる。場所性をもつということは、妖怪のもたらすリスクは、一定の集団や地域で共有されるということである。また、日本の国土において頻発する地震や洪水などの自然災害に関する妖怪伝承も多く語られている。はじめは特定の個人が経験する具体的なリスク事象が、場所性をもって人びとの間で共有化されていく。そのなかで、リスクの本質や特徴的な部分が強調され、妖怪伝承が形成される。すなわち、リスクのエッセンスが表象化される形で妖怪が創造され、人びとは妖怪伝承を語り継いでいく。定着した妖怪伝承はやがて、個別のリスクの体験がその妖怪のしわざであるというように説明される。いわば説明装置としての役割を担うのである。

次に妖怪安全ワークショップについて考えてみよう。まず、現代社会においても人びとは妖怪という存在に関心や興味を抱く。その興味・関心を入口として、妖怪安全ワークショップの参加者は、オリジナルの妖怪を考えるという作業を通して、身の回りにある潜在的なリスクを意識的にみようとする。さらに、オリジナルの妖怪の性質を考えることは、地域空間から見出した潜在的なリスクのエッセンスについて、自身がそのリスク事象に遭遇した際の対処方法を考えることでもある。また、妖怪について広く語ることで、その場所のリスクについて他者が認識し、備える機会をつくりだす可能性を有している。

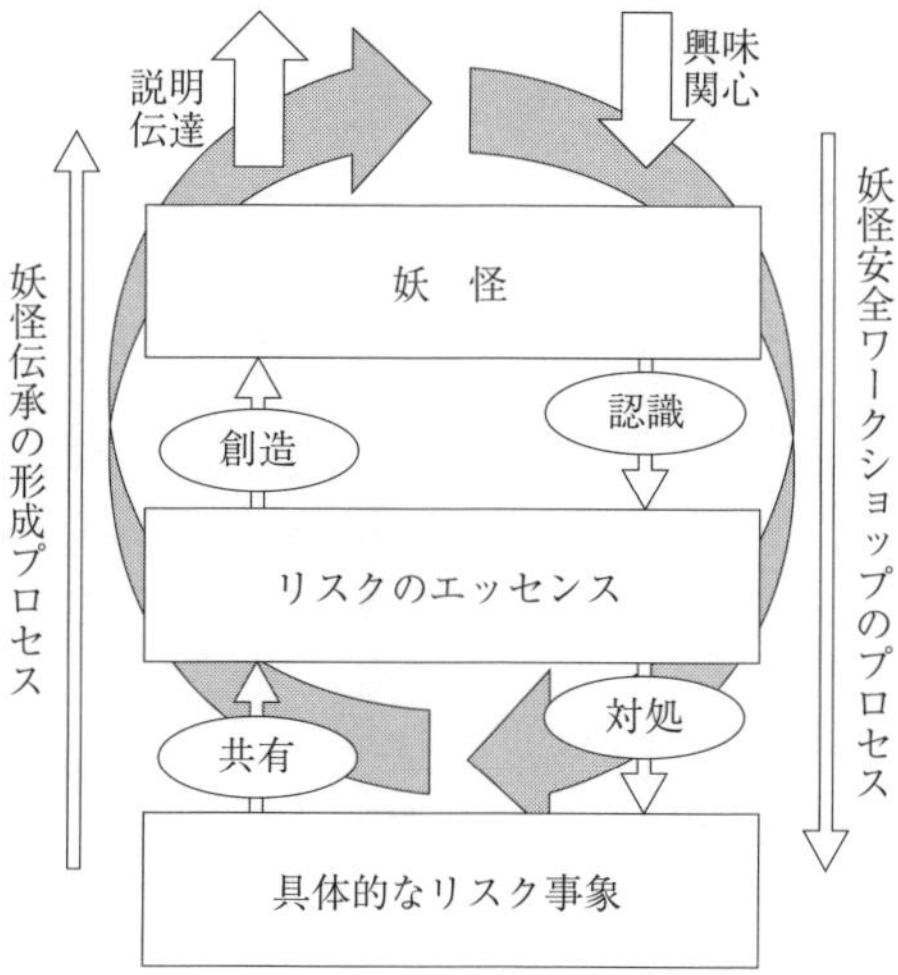

図４－２　防災教育における妖怪伝承の価値モデル
出所：筆者作成。

防災教育プログラムで妖怪を介することのもう一つの重要な意義は、子どもたちが自身の身体感覚に基づいて、自らが体験していないリスク事象についてイメージを膨らませる点にある。子どもたちは妖怪について語る際には、常に自身の身体への影響を起点としてリスクを考える。この点については、伝統的な妖怪伝承でも同様の構造をみることができる。たとえば、河童は人を水中に引きずり込んで尻子玉を抜いて殺すと言われる。そこで大人は子どもたちに向けて、直接的に「溺れて死ぬかもしれない」と言うのではなく、河童に襲われないように、さらに尻子玉を抜かれないように川や池で遊ぶ際には注意するように呼び掛ける。この点について若尾五雄は、子どもにとって「死」という言葉に具体性がない一方で、子どもの身体の一部である尻に手を入れられて殺されるという表現はイメージしやすく、恐怖感が強くなると指摘している（若尾 二〇〇〇）。すなわち、体験しえない「死」という言葉、あるいは「溺れる」ことの苦しみよりも、水中から得体のしれない何かに自分の身体を引っ張られるということのほうが想像しやすい。さらに日常から、身体的にも視覚的にもその特性を理解している環境のなかで、子どもたちが想像しうるリスクについて大人から言葉をかけられた際に、頭の中に瞬時に恐怖心が芽生え、その恐怖を回避する行動をとる。このように妖怪は、子どもたちの身体感覚に即した形で、身の回りのリスクを伝えるための一つの装置と捉えることもできる。

子どもが自身の身体感覚をもとにしたリスクを語るということは、日常的に同じような行動範囲で、類似した体験をもつ他の子どもたちにもそのリスクが共有される可能性はある。考案された妖怪のもたらすリスクが共有可能なものであるならば、その妖怪の内容を受け取った他の子どもも、実感を伴ってリスクのポテンシャルを認識し、さらに対処することも可能となる。すなわち、図４－２のうちで、「妖怪伝承の形成プロセス」の方向も理論的には実現しうる。

安全教育全般への展開可能性　以上のように、防災教育の観点から妖怪に着目し、さらに妖怪安全ワークショップを展開することは、具体的なリスク事象、リスクのエッセンス、妖怪、という三つの要素を循環的かつ関係的に捉え、自身および地域の安全を担保するための意識や実践態度を醸成していくためのしくみとして考えることができる。そこでわたしは、これを「防災教育における妖怪伝承の価値モデル」と名付ける。「価値モデル」という言葉で表現しようとするのは、妖怪伝承が、現代の防災・減災の文脈のなかで一つの有用性をもっているということである。地域のなかで語り継がれてきた妖怪は、人びとの多様な経験と関心に基づいて生み出され、その伝承はストックされてきた。本書の第Ⅱ部ではそれらの地域に蓄積された妖怪伝承のもつ構造を分析し、さらに現代の防災教育という具体的な実践のなかに知的資源として妖怪を位置づけた。妖怪伝承の形成と妖怪安全ワークショップの循環的作用のなかで、妖怪が防災・減災のなかで価値をもちうるということを表現するために「防災教育における妖怪伝承の価値モデル」と名付けた。

妖怪安全ワークショップは、潜在的で多様なリスクへの対処方法を、より広範で長期的に共有していくためのしくみとしての展開可能性を有している。たとえば、「防災妖怪図鑑」のようなものをそれぞれの地域で発刊し、それを活用した体系的な防災教育プログラムを展開するということも考えられる。科学的なアプローチだけでなく、妖怪を介して醸成されるリスクへの意識や感覚は、地域のレジリエンシーを高めることに貢献するだろう。妖怪や怪異現象は、現代社会では「非科学的」なものとして、科学技術の分野で取り扱われることはほとんどない。一方で、現代社会においても、「未知なるものへの恐怖心」は確実に存在する。本書では、そのような目にみえないリスクへの感情・感覚を現代社会においてどのように考えるべきかという問題を提起している。とくに防災・減災の分野においては、科学的な知見や知識、理性に基づいた活動だけではなく、人びとの身体感覚や共有感覚に基づいた取り組みが重要だと考える。

また、妖怪安全ワークショップは、自然災害だけでなく、身の回りのさまざまなリスクを考える契機となる。すなわち、防災教育の範囲にとどまらず、安全教育という枠組みの広範な領域での実践の可能性を有している。交通安全や防犯などをテーマにした妖怪安全ワークショップも、本章で提示したプログラムで対応することが可能である。地域に多くの妖怪が見出され、共有される場面が来れば、それは地域が少しずつ安全になっていることを意味するのである。

第Ⅲ部　神と防災コミュニティ

第5章　わざわいへの対応に向けた神社空間の形成経緯

1　神社を空間としてとらえる視点の重要性

「神社」の多様な呼称

日本の神社は、全国に八万社以上あるといわれている。「神社」と聞くと、入口に鳥居があり、その先に参道が続いて、手水舎が配され、その向こうに拝殿、本殿が並ぶ様子を目に浮かべる。参道横には狛犬が配され、境内のなかには神楽殿や社務所が建てられていることもある。本殿には、鏡や剣、玉などのご神体が安置されている。

現代においてわたしたちがイメージするそのような神社の形態は、日本の国土において人びとが神を信仰するようになった当初から確立していたわけではない。山や岩、樹木などの自然物が、神の降り立つ依代《よりしろ》として信仰され、その周辺を神域としてみなすこともあった。古代の信仰においては、神は常に特定の場所に鎮まっているのではなく、人びとの祈りと祭祀行為に、必要に応じて天から依代に降り立ち、祭りなどが終わればまた天に帰っていく存在であった。天と地上を行き来する神が、特定の場所に常駐するようになったのは、仏教の伝来による影響が大きい。仏教文化によって、神域に社、すなわち建築が常設され、そのなかに神は鎮まるようになった。神社は「かみのやしろ」である。

一方で、社殿を造営すれば神が必ず常駐するかというと、古代の人びとはそう考えていなかった。日本書紀において神社の造営に関連する記述としては、三輪山《みわやま》の神が鎮まる経緯があげられる。そのなかでは、国づくりを終えたオオナムチの前に、オオナムチ自身の幸魂・奇魂が現れ、「吾は日本国の三諸山《みもろやま》に住らむと欲ふ」と述べ、「故、即ち宮を彼処に営り、就きて居しまさしむ」記述されている（小島ほか 一九九四）。三輪山の大《おお》神《みわ》神社には、現在も本殿はなく、三輪山そのものがご神体である。すなわち、日本書紀で書かれている「宮」は、オオナムチがその場所に常駐するための場所ではなく、人びとが神を拝する場所、つまり拝殿を建立したということである。また、同じく日本書紀のなかでは、国譲りを迫るタカミムスビが、国神のオオナムチに対して、「汝が住むべき天日隈宮《あまのひすみのみや》は、今し供造らむ」と告げている。天日隅宮とは、出雲大社のことである。タカミムスビは、国譲りに応じるのであれば、オオナムチが鎮まる場所を確保することを提案しているのである。これらのことをふまえ加瀬直弥は、大事なのは神のための領域が他と区別されて設定されているかどうかであり、社殿の有無が問題なのではないと論じている（加瀬 二〇一八）。

古事記や日本書紀における描写では、神が鎮まる場所としての神社を意味する語はたんに「社（やしろ）」、もしくは「宮（みや）」とされている。また出雲国風土記においても、神社の創建を伝える内容では、その名称の語尾は「神社」ではなく「社」としているケースが多くみられる。「やしろ」はもともと「屋代」である。神が特定の場所に常駐すると考えなかった時代には、地上に神を迎える際に臨時の小屋をつくった。その小屋を建てる土地が「屋代」である。その小屋がやがて常設のものとなって、神が常駐すると考えるようになってから、神が鎮座する建物や場所を「やしろ」と呼ぶようになった。

それが、延喜式神名帳では、一部の大社や神宮を除いて、名称の語尾が「神社」となっている。これは現代のように「じんじゃ」ではなく、「かむやしろ」と読む。古事記、日本書紀、風土記が編纂された八世紀前半から、延喜年間の一〇世紀前半にかけての約二百年の間に、たんに「社（やしろ）」や「宮（みや）」だった神の鎮まる場所が、より明示的に「神社（かむやしろ）」と呼ばれるようになった。注意が必要なのは、現代のようにほとんどの神社が「〇〇神社（じんじゃ）」と統一した方法で呼ばれるようになったのは明治に入ってから、国家神道の確立という政治的理由によってである。それ以前は、実に多様な神が、さまざまな仕方で祀られていた。その呼び名も、場所の名称としての「○○社」だけではなく、祀られている神をそのまま「○○権現」「○○明神」「○○さん」のように呼ぶことが、すなわちその祀られている場所を示すことでもあった。

ご神体や社殿など、神が鎮まる特定の場所だけでなく、その周辺も含めた神域にはさまざまな呼称がある。外部空間を含む神社の呼称としては「鎮守の森」という表現が一般に普及している。小野良平は、「鎮守の森」という語の用法について考察を行った（小野 二〇一〇）。小野によれば、「鎮守の森」という表現は、明治二五年（一八九二）に作家の田山花袋が用いた事例が最初期であるという。花袋が用いた「鎮守の森」という用語は、農村景観のなかのランドマークとしての意味をもたせたものであったのが、明治時代末期には、神社の存在そのものの意味に拡大・展開し、なおかつ神社の伝統性や神聖性を象徴する言葉として定着していった。

藤田直子らは、「神社の屋外空間」という意味での「社叢」「鎮守の森」「社寺林」の概念について、近代社会におけるそれらの語の用法とその意味について考察している（藤田ほか 二〇〇六）。そのなかで、「社叢」という語が用いられる時は、神社境内樹林の植物生態学的側面に着目する意味合いが強く、「鎮守の森」は、古来の地霊を祀る神聖な空間に対して用いられてきた語が、その環境の生態学的価値をも含んだ文化的空間としての意味で用いられることが多いとしている。また「社寺林」については、明治期の土地政策、林野政策のなかでの用語としての用法を経て、神社仏閣の機能や制度に着目した空間概念として用いられていると指摘している。

神社は、山宮と里宮、前宮と本宮、上社と下社、下ノ宮、中ノ宮、上ノ宮のように、一つの場所で完結するのではなく、二カ所以上の社殿で一社が構成されることもある。三輪山のように、山体を神の依代として、その麓に祭場を拝したことがやがて社殿の常設につながる。ここから、本来的に神が降り立つ場所と、人びとが祈る場所の二カ所が神域として展開していく。また、山宮・里宮の構造をもつ神社では、そこに親子や兄弟の神が祭神として祀られ、祭礼においてそれらの神がどちらかに移動したり、あるいは鎮座する場所を交代することがある。古来、田の神は春に山から郷に迎え入れられ、冬は山神になると信じられてきた。このような信仰を背景に、山宮と里宮での神の交代などが言い伝えられてきた。

境界を変動させる神社空間

以上のように、神の鎮まる空間としての神社は、現在のわたしたちが一般的にイメージするような神社境内の景観だけでなく、その周辺の環境も含んだ境界の曖昧な空間として本来的に考えられてきたことがわかる。また、現代社会のように土地の所有区分が明確になり、「神社の敷地」が線引きされていたとしても、祭礼の時などには、神聖な空間はその敷地外にも拡張する。たとえば、だんじりや山鉾、神輿などは街なかの道路にも展開していく。また神事に必要な水や植物をとるために、神職や氏子は川や山、草原などに入る。そのような環境は、神事の時だけでなく、日常的に神事に必要な資源空間として維持・保全されている。

重要なのは、神が鎮まる場所としての社殿、あるいは境内だけでなく、その周辺空間の神域としての意味に目を向けることである。このことに最も強い問題意識をもったのは南方熊楠であろう。南方は、明治時代の神社合祀令に強く反発したことで知られている。南方は、地域内の至る所に祀られる大小多様な神仏の重要性について次のように述べている。

紀州のごとき山岳重畳《ちょうじょう》、平沙渺茫《へいさびょうぼう》たる地には、遠路の神社に詣づる能わず、古来最寄りの地点に神社を建て、朝夕これに参詣し、朔望《さくぼう》には全村ことごとく参詣して、神恩を謝せり。…田舎には合祀前、どこにもかかる和気藹々《わきあいあい》たる質僕の良風風俗を存し、平日は農稼多忙なるも、祭日ごとに嫁も里に帰り、婆も娘も在所に孫の顔を見んとて往きしなり。…辺地の人敬神厚きは、山奥に四、五家起これば、必ず小祠を建つるにて明らかなり。しかるを、むやみに遠地に合祀せるより、なきに勝れりという心より、蛇、狐、生霊、天狗などの淫祠《いんし》を奉ずるに至れる者すら多し。（南方 一九七一）

南方は、明治政府の神社合祀令によって、和歌山県が小さな神社や祠を廃していくことが、日本人の「敬神思想」を高めることにはならず、むしろ、身の周りの至るところにさまざまな神仏が祀られていることで、コミュニティや家族といった国民の絆を強めてきたと主張している。興味深いのは、遠くの「正統な神」よりも、身近な「淫祠」、つまり出自の不明な神仏を敬う人びとが多くいたという点である。記紀などに登場する神が祀られる神社だけではなく、人びとの生活圏内にある小さな祠、またそこに祀られる雑多な神仏も、明治以前のコミュニティでは重要な意味をもっていたのである。

また千田智子は、南方が神社という空間にみていたものは、「神という意味を感知し、ひいては世界そのものを把握する手立て」となる可能性であると論じている（千田 二〇〇二）。体系化された神道ではなく、神が鎮まり、鬱蒼とした森のなかでさまざまな生命が育まれ、交わる空間としての神社を守ろうとしたのである。秩父神社宮司であり、神道学者でもある薗田稔も、神社は本来的には神の森そのものを指すのであり、社殿がある場所だけが重要なのではないと論じている（社叢学会 二〇一三）。

神聖な空間は固定的なのではなく、その境界を変動させる。神社という空間の「境界の曖昧性」という認識をもつことは、過去から引き継がれてきた伝統と文化的な側面だけでなく、生態系や景観、コミュニティなどに重要な価値をもたらす神聖な空間を保全することにつながる。もしこのような認識をもたなければ、たとえば神社の敷地外に残存する磐座《いわくら》はたんなる露出した岩石となり、開発行為を実施する際に配慮なく撤去されてしまう（写真5-1）。また山岳信仰の神社が神事を行う際に用いる海水を、遠く離れた海岸の洞窟で汲む場合も、その洞窟の土地の所有権を神社が有していなければ、別の地権者の意向次第ではその神聖な洞窟が消滅す

写真５－１　写真中央にみえる岩が開発行為を免れた磐座（兵庫県西宮市甑岩町・越木岩神社）

写真５－２　神事の場のすぐそばに建設された道路（福岡県行橋市沓尾・姥ヶ懐）

る可能性もある（写真５－２）。近代的な制度が確立する以前から、永きにわたり日本人の暮らしのなかに根付いてきた神々との関わりは、人びとの暮らしの舞台としてのさまざまな環境とのつながりにも表れているのである。神社という空間を、たんに土地所有権が定める敷地内におさまるものとして考えるのではなく、境界を変動させる広がりのあるものとして捉えるために、本書ではあえて「神社空間」と表現したい。神が鎮まる神域しての神社は、小さな祠や山肌に突き出した磐座、一本のご神木などのスケールから、広がりのある境内地を有する場合、さらに祭礼の時には周辺の街路空間を内包する形で展開する。「神社空間」とは、これらの動的で境界の曖昧性を基礎とする神域を意味する言葉として定義する。

2　神社空間形成の五つの類型

神社空間はどのようなきっかけや理由によって形成されるのだろうか。岡田荘司によれば、神社祭祀の起源には二つの系統があるという（岡田 二〇一九）。一つは山や水、岩石などが織りなす自然景観を背景にした祭祀の形態である。もう一つは、新嘗祭や大嘗祭のように居館内神殿での祭祀をルーツとする形態である。三世紀から四世紀にかけて居館内神殿における祖神祭祀が始まり、それが宮中祭祀などにつながっていく。また五世紀頃に、水や岩石、地形などの自然環境を対象にしたアニミズム的信仰が展開し、やがて各地に神社や神域が形成されていく。七世紀後半には、これらの二つの系統の祭祀が合流・融合し、新たな祭祀形態として確立していった。したがって、なぜ、その場所に神社空間が形成されるに至ったかという経緯や理由についても、時代やロケーション、また社会的・政治的な背景により、その内実はさまざまである。また、神社空間の形成契機が、史料として事実的に書き残されているケースもあれば、神話や伝承の形でフィクションとしての要素も盛り込みながら引き継がれている場合もある。したがって、実際にある神社がその場所に建立された明確な理由を事実として明らかにすることは容易ではない。一方で、全国のさまざまな神社の由緒を概観すると、それぞれの神社空間が形成される「きっかけとして語られていること」についてはいくつかの類型をみることができる。ここで示す神社空間の形成契機に関する基本類型としては、(1)ランドスケープ型、(2)神勅《しんちょく》型、(3)巡行（巡幸）型、(4)勧請《かんじょう》型、(5)偶発定着型の五つをあげることができる。次にその詳細について論じていこう。

ランドスケープ型

ランドスケープ型は、山や滝、樹木、岩石などの自然物に人びとが神秘性を見出し、神域化したことで神社空間が形成されるタイプである。古代の神は、現在の神社のように常に決まった場所に祀られているわけではなかった。祭事の際に、神とコミュニケーションをとることのできる特別な能力をもつとされた人間が、必要に応じて神を呼び寄せる。その際に神が降り立つ場所が依代である。祭事が終わればまた神はもと住む場所に帰っていく。代表的なのは、神奈備山と呼ばれる山体あるいは丘を依代として信仰対象とする例である。神奈備（かんなび、かむなび）という言葉は、「神が隠れる場所」「神が鎮座する場所」という意味をもつ。つまり、神奈備山とは、神が降り立つとされた山や丘を指す。

奈良県桜井市の三輪山は神奈備山の代表例である（写真５-３）。現在、三輪山の麓には大神神社が鎮座して

写真 5－3　三輪山（箸墓古墳の横から）

いる。大和国の一之宮であるこの神社は、三輪山自体をご神体としており、本殿をもたない祭祀形態を有している。三輪山をご神体とする大神神社の祭神はオオモノヌシである。この山にオオモノヌシが鎮座するに至った経緯については、記紀のなかの出雲神話における国づくりの描写にみえる。古事記では、オオナムチ（オオクニヌシ）が国づくりを完成させようとしていた際に、海の上を光り照らしながら近寄ってくる神が現れた。この神はオオナムチに対して「能く我が前を治めば、吾、能く共与に相作り成さむ。若し然らずは、国、成ること難けむ（わたしをよく祭るならば、わたしがあなたと一緒にうまく国をつくり完成させよう。もしそうしなければ、国が完成するのは難しいだろう）」と言った。これに対してオオクニヌシがどのようにすればよいかをた尋ねたところ、「吾をば、倭《やまと》の青垣の東の山の上にいつき奉れ」と答えた。この神が、三諸山すなわち三輪山の神とされている（山口・神野 一九九七）。

また、「かんなび」を名前に冠した山もある。京都府京田辺市と大阪府枚方市の境界に位置するのは、その名が「甘南備山」である。この山の山頂には神奈備神社が鎮座している。由緒では、神武天皇の東征の際にこの地に天神地祇を祀ったといわれている。また、甘南備山の麓に鎮座している月読《つきよみ》神社の祭神であるツクヨミが、この甘南備山に降り立ったことを契機としている説もある。いずれにしても甘南備山という名前と円錐形の山の姿形、周辺の神社に伝わる由緒などから、この山自体が神聖な領域とされてきたことがうかがえる。

巨岩や奇岩を神の依代とする磐座もランドスケープ型の形成契機の代表例である。兵庫県西宮市の越木岩神社は、「甑《こしき》岩」と呼ばれる岩石をご神体としている。この名は、その形状が酒を造るときに用いる甑という道具に似ていることからきている。現在の神社境内だけでなく、周辺にも多くの磐座が点在している。越木岩神社の由緒によれば、平安時代の頃にはこの甑岩から煙があがり、大阪湾を航行する船からよくみえたという。六甲山のなかには岩石を配した祭祀の跡が多く発見されており、神戸市東灘区の保久良《ほくら》神社境内にも、いくつかの磐座が残っている。本殿裏に環状に配された神成岩と呼ばれる岩石群は、ここから弥生時代の土器や石器などが発掘されており、古代の祭祀跡であるとされている。これらのことから六甲山一帯が、岩石を用いた古代祭祀の重要な場であったことがわかる。

島根県・奥出雲の須我《すが》神社は山の麓に本殿があり、その奥宮として山中の参道を登っていくと、三つの磐座が現れる（写真５－４）。大小のそれぞれ異なるこれらの磐座は、スサノオノミコト、クシナダヒメ、さらにその御子神であるヤシマノミコトが鎮まっているとされている。須我神社がこの地に鎮座した経緯は、古事記のなかのスサノオによるヤマタノオロチ退治の後に記されている。スサノオは、宮をつくるための地を出雲の国で探していたところ、須賀の地に着いた時に「吾、此地に来て、我が御心、すがすがし」と語ったという。「須賀」という地名はスサノオのこの言葉からきている。そうして、スサノオが「須賀の宮」を建てたことが、須我神社の建立契機として伝わっている。

写真５－４　須我神社の磐座（島根県雲南市大東町須賀）

磐座として祀られる岩石の来歴が、科学的調査によって明らかになったケースもある。群馬県前橋市の岩神《いわがみ》稲荷神社境内で古くから神聖視されてきた「岩神の飛石」は、科学的な調査結果から浅間山方面由来の岩石であることが明らかになっている。この調査では、「岩神の飛石」はおよそ二四〇〇〇年前、浅間火山で発生した大噴火に伴って噴出した溶岩で、その後に発生した「前橋泥流」によってもたらされたものであると結論付けている（前橋市教育委員会 二〇一六）。

写真5－5　熊野那智大社（和歌山県東牟婁郡那智勝浦町那智山）

神奈備山と磐座以外で、このランドスケープ型の形成契機をもつものとしては、滝をご神体とする例があげられる。その代表が、和歌山県の熊野那智《なち》大社である（写真5－5）。熊野那智大社は、熊野本宮《ほんぐう》大社、熊野速玉《はやたま》大社とともに熊野三山の一社である。熊野那智大社の由緒によれば、神武天皇が、東征の際に現在の那智の浜にあたる丹敷浦《にしきうら》に上陸した。このとき、光り輝く山を見つけ、そこを目指して進んでいったところ、那智の滝に行き着いた。これを神意とみなし、その滝をオオナムチのご神体として祀ったことが起源としている。

また、噴火した富士山を鎮めるために浅間大神《あさまのおおかみ》を祀ったことを起源とする浅間大社、阿蘇山頂の火口湯溜まりを「神霊池」と呼んでご神体として信仰する阿蘇神社、島全体を聖域とする宗像《むなかた》大社なども、ランドスケープ型の形成契機をもつ神社である。

神勅型

神勅型は、ある特定の人間が、なにかしらの形で神からのメッセージを受け取り、神意を代弁することによって神の鎮座地が決定するタイプである。神勅型の契機をもつ神社の由緒をみてみると、神からメッセージを受けるのは、為政者や神職などの特権的な立場の人間だけでなく、一般の民の場合もある。またメッセージの受信方法も、直接神の言葉を聞くこともあれば、ある事象を人間が神意と解釈するケースなどさまざまである。

大阪湾や明石海峡の海沿いには、神功皇后が三韓征伐の帰路に神の託宣を受けたことがきっかけで建立されたとされる神社が多くみられる。摂津国の一之宮である大阪市の住吉大社、兵庫県西宮市の広田《ひろた》神社、神戸市中央区の生田《いくた》神社の建立は、いずれも神功皇后が託宣を受けたことを契機としている。このことは日本書紀に記されている（小島ほか 一九九四）。新羅、高麗、百済の三国の征伐の帰路、神功皇后は、麛坂王《かごさかのみこ》と忍熊王《おしくまのみこ》に謀反を起こされる。神功皇后は、生まれたばかりの応神天皇を、武内宿禰に命じて攻撃を避けるように航路を迂回させ、自身の船はそのまま難波に向かって直進した。その際に、現在の武庫川の河口付近で船が旋回して進めなくなってしまった。神功皇后はここで占いを行い、イザナギが禊を行った際に誕生したとされる底筒男命（ソコツツノオノミコト）、中筒男命（ナカツツノオノミコト）、表筒男命（ウワツツノオノミコト）の三神の託宣を受ける。住吉三神と呼ばれるこれらの神々は「吾が和魂、大津の渟中倉の長峡に居さしむべし。便ち因りて往来船を看さむ（わが和魂を大津の渟中倉の長峡に居さしむべきである。そうすれば、往来する船を見守ることもできる）」と告げた。これにより、現在の住吉大社が鎮座し、神功皇后の船は無事に進むことができるようになったという。

写真5－6　市街地に鬱蒼とした森を残す生田神社（神戸市中央区下山手通）

　同じ時にアマテラスは、「我が荒魂、皇后に近くべからず。当に御心の広田国に居しますべし（わたしの荒魂を皇后に近づけるべきではない。広田国に祀るのがよいだろう）」と告げた。このことを契機として、西宮市の広田神社が建立された。

　また、神戸市中央区の生田神社（写真5－6）も、神功皇后の伝説に関わっている。神功皇后が占いを行ったところ、稚日女尊（ワカヒルメノミコト）が「活田長峡国に居りたい」と告げた。この託宣を受けて、海上五十狭茅（ウナガミノイサチ）を神主としてワカヒルメを祀ったことが起源とされている。この時、ワカヒルメは現在の新神戸駅の北側にあたる砂山《いさごやま》に祀られた。その後、西暦七九九年に付近で大雨が降り、水害が発生した。この時、砂山も山体崩壊を起こし、祀られているご神体を保護する必要が出てきた。そこで生田村の刀禰七太夫《とねしちだゆう》という男がご神体を背負い、その鎮座地を探していたところ、ある時突然、ご神体が重くなった。これを神のお告げと考えた刀禰七太夫は、現在の生田神社が鎮座している場所に祀ったと伝わっている。

兵庫県たつの市に鎮座する粒坐天照《いぼにますあまてらす》神社は、神の託宣が人びとに豊かな資源をもたらしたことを伝承に含んでいる点が興味深い。崇峻天皇と推古天皇の時代に、現在のたつの市付近の村に伊福部連駁田彦《いおきべのむらじふじたひこ》という民がいた。駁田彦の家の裏には森があり、西暦五九四年にここに光り輝く何かが現れた。この光り輝くものは「わたしは天火明命（アメノホアカリノミコト）の使いである。アメノホアカリの幸御魂はこの地に鎮まり、この土地と人びとを守って千年を過ぎた。今、天から降りてきて、あなたに神勅を授けようとされている。これを受けて新たに神社を造営し、祀りなさい。そうすれば、ここに種稲を授けよう。これを耕作すればこの里全体が豊かになり、この土地は永く栄えるだろう」と告げた。この神勅を受けて、アメノホアカリを祀り奉職することを誓うと、一夜にして多くの水田ができたという。その後、実際に駁田彦が中心となり神社を建立した。この土地は、米粒を意味する揖保（いいぼ）の郡と呼ばれるようになった。揖保はそれ以降、豊かな水田が広がる地域として栄えた。

巡行（巡幸）型

巡行（巡幸）型は、神やそのご神体、天皇が立ち寄ったことをきっかけとして神社が建立されるケースである。最も代表的なのは、アマテラスが伊勢の地に鎮まる前に、垂仁天皇の娘である倭姫命（ヤマトヒメノミコト）が八咫鏡とともにした巡幸し、滞在したとされる神社である。ヤマトヒメは、アマテラスの奉斎地を求めて、大和から近江、美濃と巡幸し、その末に伊勢に辿り着き、五十鈴《いすず》川のほとりに宮居を建てたと伝わっている。奈良県宇陀郡の御杖《みつえ》神社（写真5－7）は、ヤマトヒメが巡幸の際に、この地を訪れた印として自らの「杖」を残したとされる伝承の地に鎮座している。この神社では現在もその「杖」を祀っている。

神武天皇の東征に関しても、その滞在が伝承される地に神社が建立されたケースが多くある。宮崎県児湯郡の都農《つの》神社は、神武が東征の際に、日向の国を出発する前にこの地に立ち寄り、国土平安、海上平穏、武運長久を祈って祭神を祀ったことがきっかけとされている（写真５－８）。現在の海岸線からもおよそ一キロ程度の場所に位置するこの神社は、古代においては海の様子を観察し、安全を祈願するための場所として最適な立地であるようにも思われる。

和歌山県の太刀《たち》ヶ谷《がたに》神社は、神武がなにわの都から熊野へ向かう時、海が荒れて、田辺湾の奥深くに位置する古賀浦まで避難した。この時、海がなかなか静まらないので、持っていた刀を海に投げ入れると、凪になり船が出せるようになったという。太刀ヶ谷神社は、神武一行が滞在した場所で、海に投げ入れたと言われる刀を祀っている。由緒にあるようにこの神社は、田辺湾奥の細い入江の丘陵上に鎮座している。

写真５－７　御杖神社の境内（奈良県宇陀郡御杖村神末）

写真５－８　都農神社の境内（宮崎県児湯郡都農町川北）

また、神戸市兵庫区の天王谷と呼ばれる谷の口に鎮座している平野祇園神社（写真５－９）は、祇園の神である牛頭天王の信仰が京都の八坂に伝わっていく過程で建立された。平野祇園神社の由緒によれば、姫路の書写山にある円教寺で修業をした徳城坊という僧が、平野の地に住んでいた。この徳城坊が姫路の広峯神社に祀られている牛頭天王の分霊を、京都北白川の東光寺に移す途中に、その分霊の神輿をこの地に一泊させたことが、

写真5－9　平野祇園神社境内からの眺め
（神戸市兵庫区上祇園町）

神社創建の由来とされている。川村湊は、疫病神としての牛頭天王を祀る祇園信仰は、広島県福山市から、姫路の広峯山、神戸の平野の地を経由して京都へと伝わっていったとしている。平野祇園神社は、この祇園信仰の東遷を示す重要なポイントに位置しているのである。

菅原道真を祭神とする天神信仰の神社は全国に多くみられる。歴史上実在した人物としての菅原道真が、京都から太宰府に遷るときに立ち寄った場所に神社が建立されるケースもある。菅公聖蹟二十五拝は、京都から九州の間にある菅原道真を祀る神社でとくにゆかりの深い神社を参拝する風習である。これらの神社では、道真が立ち寄った場所にさまざまな伝承と共に神社が建立されていることが多い。たとえば、神戸市須磨区の綱敷天満宮《つなしきてんまんぐう》には次のような由緒が伝わっている。道真が太宰府に左遷された際、須磨の浦で波が高くなり航海を中断した。その際、近隣の漁師達が綱で円座をつくり、そこで道真が休んだことにちなみ創建されたとしている。人びとが綱を敷いてそこに道真を迎えたという内容の伝承は、福岡市博多区に鎮座する綱敷天満宮にも残されている。

静岡県浜松市に鎮座する式内社・曽許乃御立《そこのみたつ》神社は、奈良に春日大社を建立する際、常陸国・鹿島《かしま》神宮の祭神であるタケミカヅチを勧請するための一行が、七六七年にこの地に滞在した。現在の神社境内のすぐ北側に位置する根本山に滞在した一行に、地域の人びとが当地にも鹿島の神を祀ることを懇願した。そこで、一行の人間が浜名湖のほとりの草原を指差し、「この地なら鎮まろう」と言ったことから、現在地に神社が建立されたと伝わっている。

短期間での巡行ではないものの、鎮座地の遷宮を繰り返すなかで、一定の土地に定着した神社もある。和歌山市の日前《ひのくま》神宮・國懸《くにかかす》神宮は、社伝によれば、紀伊国造に任命された天道根命（アメノミチネノミコト）が、アマテラスの御鏡を名草郡毛見郷の地に奉祀したことを起源としている。その後、崇神天皇五一年に名草郡の濱ノ宮に遷宮し、さらに垂仁天皇一六年に現在の鎮座地に遷った。興味深いのは、同じ和歌山市内に鎮座する伊太祁曽《いたきそ》神社の由緒をみると、伊太祁曽神社は、もとは現在の日前神宮・國懸神宮の地にあったという。日前神宮・國懸神宮と伊太祁曽神社は、その双方が紀伊国の一之宮をうたっている。イタケルノミコトを主祭神とする伊太祁曽神社は、なんらかの理由によりアマテラスを祀る日前神宮・國懸神宮にその土地を譲ったのである。和歌山の地における国譲りともいえる経緯の背景には、もともと根付いていた勢力と信仰が、アマテラスを信仰する新しい勢力に退けられた歴史が推察できる。

勧請型

「勧請」という語はもともと仏教用語であった。仏教の文脈では、仏の説法を聞き、人びとが救済されるように願い、請うという意味である。それが転じて、本来その寺の開山でない僧を開山として信仰することを「勧請開山」と呼び、さらに神仏の神託を請い奉ることを勧請と呼んだ。このような考えがさらに転じて、神道の文脈では本祀の祭神の分霊を迎えて、新たに設けた分祀の社殿に祀ることを意味する言葉となった。新たに迎え入れられ、祀られた神は「勧請神」とも呼ばれる（薗田・橋本 二〇〇四）。

日本全国の神社をその神社の名称から信仰形態を分類し集計すると、八幡（七八一七社）、伊勢（四四五一社）、天神（三九五三社）、稲荷（二九二四社）、熊野（二六九三社）、諏訪（二六一六社）、祇園（二二九九社）、白山（一八九三社）、日吉（一七二四社）、山神（一五七一社）の順にその数が多い（岡田 二〇一〇）。この結果は、一九九〇年から九五年にかけて神社本庁の管轄にある神社を中心に行われた調査の結果による。とくに中世以降に創建された神社においては、勧請型によるものが多くなる。これら全国にみられる系統の神社には、総本宮、あるいはその信仰の中心となる神社がある。八幡の総本宮は宇佐神宮（大分県宇佐市）であり、伊勢は伊勢神宮（三重県伊勢市）、天神は太宰府天満宮（福岡県太宰府市）と北野天満宮（京都市）、稲荷は伏見稲荷大社（京都市）、熊野は熊野三山と呼ばれる熊野本宮大社・熊野速玉大社・熊野那智大社である。勧請によって新たに神社が建立される場合、これらの信仰の本宮あるいは有力神社からその分霊を招き入れ、祀る。重要なのは、どのような動機から、それぞれの神社に祀られる神が選択されているかということである。

日本の各地にこれらの神々と信仰が浸透していったのは、それぞれの祭神がもつ神格とご利益によるところが大きい。ある祭神が、同じ系統の神社のすべてで同じご利益をもつわけではないものの、大きくは共通した特徴を有しているのである。したがって人びとは、自分たちの関心あるいは懸念に対して、それに応じてくれることを期待して神を選択し、奉斎する。言い換えれば、勧請型の神社建立契機は、ある時代、ある地域での人びとの具体的な関心事を基礎としている場合が多い。

祇園信仰は、現在においてはそのほとんどがスサノオノミコトを主祭神とする。しかし、それは明治の神仏分離政策のなかで各神社の名前と祭神が整理・体系化された結果である。各神社の由緒をみていくと、スサノオノミコトと同一神とされる「牛頭天王」を祀っていたことが記されているケースが多くみられる。牛頭天王は疫病神としての性格を色濃くもつ神である。すなわち、疫病をもたらすこともあれば、それをおさめる力ももっている。人びとが牛頭天王を祀る背景、つまり祇園系の神社を建立するのは、人びとに深刻な危害をもたらす伝染病対策の一つでもあった。

このことは全国の祇園系、あるいはスサノオ系の神社を詳しくみていくとわかる。祇園系と推定できる神社は、「祇園」「八坂」「天王」「スサノオ」「スサ」「スガ」などがその神社の名前となっている場合が多い。祇園信仰の拠点は京都・八坂神社である。八坂神社は、かつては祇園社や感神院などの名称で呼ばれた。有名な祇園祭は、社伝によれば貞観一一年（八六九）に京都を中心に全国で疫病が流行し、これを牛頭天王による祟りとみなし、六六本の矛を立てて、その沈静化を願ったことが起源であるとしている。つまり、本来は疫病退散のための祭祀行為であった。古代の日本社会の中心地であった京都で確立した祇園信仰はやがて、地方において疫病が蔓延した際にその対策として暮らしのなかに取り込まれていく。たとえば、兵庫県三田市内の山田、桑原、上青野、下青野、上内神、中内神などの地域にそれぞれ「感神社」という名の神社がみられる。この神社の名は八坂神社のかつての名称であった「感神院」から来ていると思われる。三田市内の感神社の由緒をみてみると、いずれもかつて三田盆地内に伝染病が大流行し、人びとが苦しんだことが明記されていた。

八幡系の神社は全国で最もその数が多くみられる神社である。八幡系神社の数が圧倒的に多いのは、日本の歴史のなかで、朝廷、仏教、武士という影響力のある三者との結びつきが強いからである（岡田 二〇一〇）。八幡神社に祀られる八幡神は、もともと大分は宇佐の豪族である宇佐氏の氏神だったと考えられている。この神が、大和朝廷との関係のなかでやがて「誉田別尊（ホンダワケノミコト）」こと応神天皇と同一視されるようになった（飯沼 二〇〇四）。八幡神はやがて、武神や護国神として広く人びとの信仰を集めていった（中野 二〇〇二）。応神天皇は、大陸の文化や技術の導入で知られている。また、八幡神のルーツの地である大分・宇佐は新羅との関係が深い土地であり、古代において、渡来人たちが大陸の先進的な文化や技術を多くもたらした（逵 二〇〇七）。すなわち、八幡神社と大陸から渡ってきた先進的な技術との間に重要な関係性をみることができる。奈良時代、東大寺の大仏鋳造の際に、宇佐の八幡神が重要な役割を果たしたことが『続日本紀』に記述されている。鎌倉幕府を開いた源頼朝は、祖先である頼義《よりよし》が氏神として勧請した八幡神を崇め、鎌倉の地に鶴岡八幡宮を建立した。源氏勢力の拡大によってさまざまな土地で八幡信仰が浸透し、やがて武家社会のなかで武神としての性格を濃くしていった。また、八幡神は武神としての性格以外に、村の鎮守、身近な庶民の神として親しまれてきたことも指摘されている（神社と神道研究会 二〇〇三）。宮城県東松島市の赤井八幡神社は、その由緒によれば、源頼義父子が奥州へ戦争に赴いた際、陣中において八幡神を勧請し、勝利を祈願したことを起源とするとしている。したがって武神としての性格をもつ八幡神は、戦いにおける要所としての地域のインフラや交通の要となる場所に祀られたとも考えられる。

熊野信仰は、和歌山県の熊野本宮大社、熊野速玉大社、熊野那智大社の「熊野三山」を総本社とする信仰である。「熊野詣」とは、熊野三山に参詣することであり、平安時代中期に院・宮をはじめ、権門勢家の間で信仰が広まっていった（加藤 一九九八）。それ以前、熊野の地は、吉野や高野山につながる山岳霊場であった。また、熊野は海上交通の要所でもある。ここを拠点に、熊野をルーツとする人びとが全国に出ていき、聖地である熊野を信仰する思想を広めていったと考えることができる。

稲荷神社は基本的に倉稲魂命（ウカノミタマノミコト）を祀っている。ウカノミタマという名は、倉の中に収められた稲の霊魂を示しており、つまり稲や食物に関わる神である。「いなり」という言葉は「稲成り」が転訛したことに始まる。稲荷信仰は、山城国を中心に勢力を誇った渡来系氏族である秦氏と深い関わりのある信仰である。古く日本の地において農耕が営まれるようになってから農業神が人びとに信仰され、それが稲荷信仰と結びついた。穀物の神として祀られる稲荷神は、稲作に関係する場所、すなわち農地などに祀られることが多い。また稲荷神は屋敷神としての性格ももつ。そのため、現代の社会においても建物内やビルの屋上などに稲荷神が勧請され、祀られている光景を目にすることができる。

偶発定着型　偶発定着型の建立契機とは、たとえばご神体が暴風や洪水、あるいは海流などによって漂着したことをきっかけに、聖域としての神社空間が形成されるパターンである。漂着物と神意との関係から、海沿いや川沿いなどの神社にしばしばみられる。

漂着物を崇める信仰は、とくに漁民のなかで古くからあったものと推測できる。古事記では、イザナギ・イザナミの国生みの場面で、蛭子（ヒルコ）を葦船に乗せて海に流す描写がある。国生みの舞台とされる兵庫県淡路島から近い沿岸部では、このヒルコを祀る神社がみられる。その一つ、神戸市兵庫区の和田岬には、和田神社が鎮座している。和田神社の由緒によれば、淡路から流れ着いたヒルコが最初に鎮まったのが当地であるという。かつては和田神社のある場所を「蛭子の森」と呼んでいた。和田神社のある地から東に行けば、えびす信仰の総本社である西宮神社がある。西宮市の西宮神社は、えびす信仰の総本社である。西宮神社の祭神は、えびす大神こと蛭児大神（ヒルコオオカミ）である。西宮神社にヒルコが祀られることになったのは、昔、大阪湾で漁師が漁をしている時に神像を引き上げたことをきっかけとしている。神像を引き上げた漁師がこれを鳴尾（兵庫県尼崎市）の自宅に祀っていたところ、「西の方のよき土地に祀ってほしい」と神託が下り、現在の地に鎮座したという。

西宮神社を拠点とするエビス信仰の起源は、寄り神的な考えを根底とする漁民信仰の一つである（谷川ａ　一九八四）。漁村では、儀式のなかで海底の石を拾い上げたり、あるいは網にかかった漂着物を祀る習慣が広く浸透していた。このような風習は全国さまざまな地域でみられる。なかでも、エビス信仰の拠点ともいえる淡路や神戸、西宮周辺に同じ類の説話が多い。

和田神社にはまた別の漂着に関する伝承が残されている。和田神社の現在の主祭神はアメノミナカヌシである。一六五八年に大水害が発生し、武《む》庫《こ》川が氾濫した。この時、武庫川のほとりに鎮座する岡太《おかた》神社（兵庫県西宮市）の神輿が流され、海を漂流した。この神輿が和田岬に漂着し、それから不思議なことが多く起こったという。そこで、その時の領主が神輿を祀る社伝を造営したことで、アメノミナカヌシを主祭神とする神社空間が形成していった。

和歌山市加太に鎮座する淡島《あわしま》神社も漂着神信仰をその起源としている。淡島の神はアマテラスの六番目の娘であり、住吉明神の后になったものの、病に罹ったため、船に乗って堺の浜から流され、現在の淡島神社の鎮座する地に流れ着いたという（谷川ｂ　一九八四）。

和歌山県海南市の粟嶋《あわしま》神社も同様に、ご神体の漂着を契機に神社が建立されている。粟嶋神社の祭神はスクナヒコナである。社伝によれば、景行天皇の時代、当時の村民により、スクナヒコナが漂着した粟嶋の硯浦《すずりうら》の森に宮居を造り、鎮め祀ったのを創祀としている。かつての粟嶋神社の境内地は集落と地続きではなく、海

写真5－10　磐座神社の座光石（兵庫県相生市矢野町森）

岸沿いの海に浮かぶ島であった。そのため、潮がひいた時にのみ、干潟を歩いて粟嶋神社へ渡ることができた。海岸沿いに独立する形でそびえる島には、さまざまな漂着物があがったことが想定できる。特徴的な地形に、普段の生活で目にすることのない異形のものが打ち上げられた時、人びとはそれを信仰の対象としたのである。

地震や斜面災害に伴う転石・落石がそのままご神体となるケースもある。地質学者の西山賢一は、熊本市西区松尾町において、過去の地震による落石を地域住民がご神体として祀っているケースをレポートしている（高田ほか 二〇二三）。この地域では、一八八九年の明治熊本地震時に落下したと伝わる径一メートルを超える落石が、現在もミカン畑の中にそのままの形で保存されている。さらに、二〇一六年の熊本地震時にも再び同じ場所に落石が発生し、径一メートルを超える巨礫がミカン畑脇に落下した。これらの経緯から地元住民が、「奇跡の夫婦岩」と命名し、二つの岩をしめ縄で結び、岩の由来を説明する看板を設置している。この熊本のケースでは、比較的最近の時代の災害経緯から、落石が神聖視されるに至った理由が明確になっている。全国に多くみられる磐座では、信仰の対象となった背景が必ずしも明らかになっていないものの、地震や土砂災害、あるいは火山噴火などの自然現象によって、巨岩や奇岩が人びとの生活空間に出現し、祀られたというケースもあるだろう。たとえば、兵庫県相生市矢野町の磐座神社では、矢野神山《かみやま》という山の頂上にあった巨岩に神が降り立ち、その時に転がり落ちた石が「座光石《ざこうせき》」と名付けられ、磐座として祀られている（写真5－10）。

それぞれの類型の背景

ここで述べた五つの神社空間形成契機の類型は、必ずしもいずれか一つのきっかけで成り立っているわけではない。むしろ、これらの五つの類型の組み合わせによる複合的な契機をもつ場合が多い。たとえば、岩石や井戸が神聖視されている祭祀の場に特別な人物が訪問する（ランドスケープ型＋巡幸型）、人びとが困っているところに特定の神からの託宣を受ける（勧請型＋神勅型）、漂着したご神体からメッセージを受け取る（偶発定着型＋神勅型）といったケースもみられる。

ただ、それぞれの類型の背景をみてみると次のようなことを読み取ることができる。まず、ランドスケープ型は「自然」に対して神意・神威を見出しているということである。神奈備山、磐座、滝などの自然環境そのものを信仰の対象として、そこで祭祀を行い、その結果、その場所が神域、神社空間として定着していくのがランドスケープ型である。日本の神社祭祀の系統において自然景観を背景とするタイプに属する。原始的な自然信仰の形態が形を変えながら現代に引き継がれている類型だとも言える。

神勅型は、ある「出来事」に対して、その解決や顚末に神意・神威が関わる。神勅型の形成契機をみてみると、誰が神からの託宣を受けたかという点において、その意味するところに差異が生じる。神功皇后の例のように、一定の権力をもつ人間が神勅を受けた場合、その権力者の行いの正当性を、神の声を借りて示している。一方で、生田神社の遷座や、粒坐天照神社の場合のように、一般の民が神勅を受ける場合、利害をもつ当事者のなかの誰かではなく、神という超越的な存在による意思決定の形をとることで、人びとの納得のうえでの合意形成に貢献しているのである。

巡行（巡幸）型は、人びとや信仰などが土地を「移動」するそのルート上に、神や権力者の軌跡として神社が建立される。つまり、同種の説話をもつ巡行（巡幸）型の神社の配置をみることで、どのような地域にどのようにして特定の信仰が定着していったかを分析することができる。また祭神や信仰が各地を移動し、そこに関係する神社を配していく背景には、明確に語られないにしても、さまざまな勢力の争いの痕跡を見出すこともできる。もともと別の神が祀られていた場所に新たな祭神を祀ることは、いわば上書きの作業であり、勢力や権力を誇示することでもある。

勧請型は、人びとの暮らしや行いにおけるさまざまな「関心」に対して神の力を頼る、あるいは神に感謝する。神という存在が、為政者や権力者などの特定の立場の人びとだけでなく、地域社会で生きる多様な人びとによって奉斎されてきた経緯を表す。その背景にあるのは、疫病退散や五穀豊穣などの具体的な目的から、神や聖地、祖先を敬う行為そのものにも意味を見出すことができる。時代ごとに政治や新興勢力などの影響を受けながら、形を変えつつ、しかしその根底には人びとの暮らしにおける多様な関心や懸念がある。

偶発定着型は、「偶然」の出来事そのものに神意を見出している。エビス信仰のように、淡路島や大阪湾周辺の地域には、もともと漂着物を神聖視する土壌があった。そのような古来の信仰を基礎としながら、通常では起こりえないことが実際に起こった際に、それを神意として畏れ敬う姿勢は、古代のみならず、現代の社会にも息づいている。

このように、神社空間が形成される契機は、自然・出来事・移動・関心・偶然といった要素をベースとして考えることができる。わざわいを回避し、幸いを得るために人びとが神に祈る場所は一元的に形成するのではなく、日本の国土のなかで、コントロールできることとそうでないことを含みつつ、自然や社会の条件、あるいは地域社会での具体的な要請のもとに、場所とそこに祀られる神が決定していったのである。

3　神社空間に刻まれたわざわいの履歴

地震・要石・鹿島大明神

神社は、古くは千年以上の歴史を有しており、その間に、さまざまな自然災害、あるいは人災に遭遇している。つまり、神社の来歴を紐解いていけば、神社が建立されてからの災害の履歴が明らかになることもある。それは、史実として記述されていることもあれば、神話や伝説のようなフィクションのなかに重要な過去の経緯のエッセンスが込められているケースなどさまざまである。

茨城県の鹿島神宮にある「要石《かなめいし》」は、地震を起こすとされる地中の大鯰《おおなまず》を抑えていると伝わっている。千葉県の香取《かとり》神宮にも同じく要石がある。鹿島神宮の主祭神は武甕槌大神（タケミカヅチノオオカミ）であり、別名を鹿島大明神ともいう。香取神宮の祭神は経津主大神（フツヌシノオオカミ）、別名・香取大明神である。タケミカヅチは、古事記では出雲の国譲りの伝説に登場する神である。アマテラスの命を受けて、天津神《あまつかみ》として出雲の伊耶佐小浜に降り立ったタケミカヅチは、地面に十掬の剣（とつかのつるぎ）を突き刺し、その上に座って、オオクニヌシと国譲りの交渉を展開する。国津神のタケミナカタは、タケミカヅチに力比べを挑むものの負け、諏訪の地に隠れてしまう。日本書紀では、タケミカヅチはフツヌシとともに出雲に降り立って、同じくオオナムチ（オオクニヌシ）に国譲りを迫っている。

記紀のなかではタケミカヅチとフツヌシがそれぞれ鹿島、香取の地に鎮まる経緯は明記されていない。また、地震や鯰との関係にも触れられていない。鹿島神宮の社伝によれば、神武天皇の東征の際に、タケミカヅチの「韴霊剣（ふつのみたまのつるぎ）」により窮地を救われ、その感謝のためにこの地にタケミカヅチを祀ったことが起源とされている。フツノミタマは、神武が熊野の地に辿り着いた時に、敵対する高倉下に向けてタケミカヅチが自らの代わりに投げつけた剣である。したがって、神武がなぜタケミカヅチを鹿島という東の地に祀ったのかは必ずしも明らかではない。またフツヌシについても、日本書紀の一書において香取の地との関係が簡易に述べられているのみである。

鹿島神宮の祭神としてのタケミカヅチは、大化年代において異境の荒ぶる神を防ぐ境界の守り神であったと指摘されている（谷川c　一九八四）。また古来、厄災を防ぐ意味で、神聖な道具としての甕（かめ、みか）が重要な役割を果たした。奈良県桜井市の脇本《わきもと》遺跡からは、五世紀後半の土師器《はじき》と思われる甕が出土している。その甕は石を挟んで逆さまに置かれていた。このことから、地霊を鎮めるための祭祀の跡だと思われる。またタケミカヅチの名は「雷（いかづち）」でもあり「甕槌（みかづち）」でもある。「イカ」も「ミカ」も同義であり、漢字では「厳」と書かれるのは、甕が荒ぶる神を閉じ込めると同時に、それ自身が荒ぶるものでもありうるからである。鹿島の神としてのタケミカヅチは、土地の「荒れ」を鎮める神として信仰されていたという下地があったのである。

鹿島の神と地震がセットで日本の他の地域でも認識される大きな機会となったのは、安政年間の地震災害と、その後に広く流通した鯰絵《なまずえ》によるところが大きいだろう。安政年間は、江戸幕府の末期において政治的な混乱が生じ、それに追い打ちをかけるように日本の各地で大地震が頻発した時代でもあった。とくに、江戸の地震は多くの被害をもたらした。この直後、鯰が鹿島大明神などの神々や民衆に押さえられている様子、あるいは民衆と鯰が共存している様子などが滑稽に描かれた錦絵が多く出版された。絵画として登場するのは江戸時代であるが、それ以前から鯰と地震は関連づけて人びとに語られていた。その時代を特定するのは困難であるが、アウエハントは鯰絵の絵画表現の起源をめぐる歴史的な探究のなかで、要石と鯰の伝説がつながって語られるようになったのは、少なくとも一六九〇年代以前であると述べている（アウエハント 二〇一三）。

地震考古学者の寒川旭は、鯰と地震が関連づけられた最古の歴史資料として、伏見城を建設中の豊臣秀吉の手紙をあげている（寒川 二〇一一）。秀吉は、一五九三年一月一二日、伏見指月《しげつ》で城の建設を担当していた京都所司代の前田玄以に宛てた自筆の手紙のなかで、「ふしみのふしんなまつ（鯰）大事にて候まま」と書いている。これは「伏見城の建設にあたっては地震対策が大切である」という意味である。この時代、少なくとも秀吉の周辺ではすでに「鯰」が地震を意味する言葉として通用していたということである。この秀吉の手紙の七年前に天正地震が発生している。寒川は、この天正地震の時に琵琶湖の鯰が奇妙な行動を起こし、それが秀吉の耳に入ったのではないかと推察している。

このように、タケミカヅチが神話のなかで地面に剣を差した描写、荒ぶる神を鎮める甕の信仰が、新たに鯰と地震との関係と複雑に絡み合うことで、鹿島神宮の要石が地震鎮護のシンボルとして祈りの対象となったと考えることができる。

津波鎮静の伝承

要石の伝承は、鹿島や香取だけでなく、全国のさまざまな地で伝わっている。その一つが静岡県沼津市の要石神社である（写真5－11）。沼津の海岸林の中にひっそりと鎮座するこの小さな神社にも要石伝説がある。この神社の祭神は天津彦火瓊々杵尊（アマツヒコホノニニギノミコト）である。寛永年間の初期に、この地の開拓者である二代目大橋五郎左衛門が建立した。当時、大きな台風が発生した時に、大波と引き潮が繰り返し、周辺の地域が危険な状況になるなかで、海岸沿いの一部だけが隆起して被害を免れていた。その隆起した部分に岩が露出しており、これを要石として祀ったことが要石神社の起源である。それ以降、高潮が発生してもこの要石より上流側に被害が出ることはないと伝わっている。この事例では、要石が地中の大鯰を抑え込む役割とはまた違う形で、災害リスクを伝承する一つの装置となっている。

写真5－11　要石神社（静岡県沼津市一本松）

津波の来歴に関する伝承も、各地の神社の由緒にみられる。有名なのは、宮城県仙台市の「浪分《なみわけ》神社」である。この神社はもともと稲荷神社で、別の場所に鎮座していたものを周辺の住民によって現在の鎮座地に祀られたのが一七〇三年である。浪分神社境内に掲示されている由緒書きによれば、現在の地に移った後、この地域で大津波が発生し、多くの溺死者が出たことがあった。この時、白馬に跨った海神が現れて、何度も押し寄せる津波を南北に二分し鎮めたと伝わっている。このことから、稲荷神社に対する津波鎮撫の霊験が有名になり、「浪分大明神」と呼ばれ多くの人びとが信仰するようになった。実際に、二〇一一年の東日本大震災の時には、浪分神社の約二キロ海側に位置する仙台東部道路の盛り土で津波が止まった。仮にこの高速道路がなければ、浪分神社の辺りまで津波が押し寄せていた可能性もある。浪分神社の伝承は、過去何度も津波が襲来してきた地域において、一定の事実も含みながら形成されていったと考えることができる。

東北地方以外にも同様の津波に関する伝承が残されている神社がある。和歌山県日高郡みなべ町の鹿島神社もその一つである。要石伝承のある鹿島神宮と同じくタケミカヅチ（鹿島明神）を主祭神とするこの神社には、宝永年間、嘉永年間それぞれの大地震の際に、津波が押し寄せた。社伝によれば、その二度の大津波の際にも、鹿島明神の力によって周辺一帯の被害は小さく抑えられたという。鹿島明神による守護への感謝として、五月三日の明神祭と八月一日の献花の花火祭が毎年行われるようになった。さらに昭和二一年の南海地震の際にもやはり津波による被害は他の地域に比べて小さかったと伝わっている。鹿島神社の元宮は、現在の境内のすぐ目の前の海上に浮かぶその名も「鹿島」と呼ばれる小島に位置しており、現在の境内地はこの元宮の遥拝所であった。「鹿島」に鹿島明神を勧請したのは奈良時代以前であるという。前述した鹿島明神の神徳などをふまえると、自然災害をはじめとするさまざまな厄災の回避と、安定した地域経営のために奉斎されたのだろう。その後、実際に発生した津波被害の状況と照らし合わせることで、災害リスクを後世に伝承していく意味でも、波分けの伝説が形成されていったと考えられる。

過去の水害の経緯を内包した神社空間

地震・津波の他に、河川氾濫も人びとにとって大きな脅威となる。地震や津波に比べて高頻度で発生する河川氾濫についても、神社の由緒を詳しくみていくと興味深い記述に行き当たる。和歌山県西牟婁郡上富田町の田中神社は、神社のそばを流れる岡川のおよそ五キロ上流にある岡川八幡神社が水害によって森ごと流され、現地にとどまったという伝承がある。川沿いの氾濫原に形成された田んぼのなかに、一際目を引くように鬱蒼とした社叢がみられる（写真5-12）。境内となっている土地がそのまま流れてきたということは考えにくく、「偶発定着型」の神社建立契機の例に多くみられるように、ご神体、あるいは何かの漂着物がとどまったという可能性も考えられる。事実としての経緯を明らかにするのは困難であるが、それほどの洪水被害が発生したことを現在に継承する重要な言い伝えである。

また、神社の鎮座地の遷宮そのものが自然災害への対応の結果である場合もある。たとえば、熊野本宮大社は、かつては熊野川の中州に本殿をかまえていた。しかし、明治二二年（一八八九）に発生した熊野川の大水害により社殿が倒壊した。その結果、明治二四年（一八九一）に社殿を現在の河川沿いの丘陵上に移したのである。

和歌山県日高郡の紀道《きどう》神社も日高川の洪水の履歴に起源をもっている。文武天皇の時代、勅願寺道成寺《どうじょうじ》を建立するために建築材料の楠の大木を日高川で運んでいる際、筏が現在の境内地の近くで岩にあたり、人びとが増水にのまれてしまった。そこで供養のため小社を建立し、文武天皇からは紀道大明神の称号を授かった。その後、元和六年（一六二〇）に日高川大洪水の際にご神体が流失し、御坊市名屋の松の木に漂着したという。人びとは御坊に流れ着いたそのご神体を引き受け、元の場所に社を再建したが、その後再び大洪水にて流失してしまった。そこで、日高川の増水によって流される心配のない現在の場所に造営したため、洪水のリスクはほとんどなくなったといわれている。

和歌山県有田市千田の須佐神社は、有田川のかつての氾濫原を見下ろすような高台の上に鎮座している。鳥居横には一九五三年に発生した有田川水害の際の洪水の水位を伝える石碑が設置されており、境内地自体は過去の有田川の水害を免れていることがわかる。

写真５－12　田中神社（和歌山県西牟婁郡上富田町岡）

わざわいを回避したいという人びとの関心が込められた神社空間には、実際に発生した過去の自然災害を事実として伝え、残していく役割を果たすこともある。神社は、永きにわたりその地域に鎮座し、その間に発生した自然災害を乗り越えてきた結果として現在にその姿をとどめ、また多くの厄災の経緯をさまざまな形で伝えているのである。

祭事に込められたわざわいへの懸念

わざわいを回避するため、あるいはすでに発生したものに対しては、それをおさめるために、人びとは神を祀り、祈ってきた。その祈りの行為が体系化されルーティン化されると、それは祭事となる。今も各地で行われている祭事には、過去の人びとのさまざまなわざわいへの懸念を反映させたものが多くある。祭りは春夏秋冬それぞれに、ある目的をもって行われる。春の祭りは、正月に迎えた神を送る年神祭、豊作祈願祭などに代表される。夏は、農村においては農耕儀礼、都市部においては無病息災を祈願する御霊会である。秋は、収穫直前の豊作祈願、あるいは収穫後の収穫感謝祭などを行う。冬は、最も日が短くなる時の冬至関連の祭り、あるいは一年の節目の祭りである（森田　二〇一五）。

災害リスクとしてのわざわいに関する祭で代表的なのは、旧暦六月の晦日に全国で行われる「夏越祓《なごしのはらえ》」である。「水無月祓え」ともいう。この時期には、各神社で茅《ち》の輪《わ》が飾られ、参拝者は無病息災を祈願するためにこの茅の輪をくぐる。茅の輪くぐりのルーツは、「備後国風土記」に描かれている蘇民将来《そみんしょうらい》伝説である。この伝説では、旅人の姿をした武塔神（スサノオノミコト）が、蘇民将来、巨旦将来《こたんしょうらい》の兄弟それぞれに一晩の宿を乞う。裕福であった弟の巨旦将来は、旅人の薄汚れた姿をみて追い返してしまう。一方で、貧乏な兄の蘇民将来は、旅人を快く招き入れる。スサノオは正体を明かしたうえで、これから厄災が蔓延しても、茅の輪を腰に掲げ、家の門前には「蘇民将来の子孫」と掲げていれば、無事に過ごすことができると告げる。一方で、巨旦将来は一族ごと滅ぼされてしまう。この故事が、大祓の伝統と合わさる形で、現在の夏越祓の形態が確立していった。

医学が発達する以前の社会において、短時間に不特定多数の人びとに甚大なリスクをもたらす疫病は、疫神や疫鬼などの超越的存在によるものと思われていた。また菅原道真や早良親王などが都の人びとを恐怖に陥れたように、生前に何かの仕打ちを受けた人間が恨みをもったまま亡くなると、その意志がさまざまな厄災をもたらすとも考えられていた。このように怨霊や荒ぶる神などの超越的存在が厄災をもたらすため、それらの霊を鎮めることによりリスクを回避しようとした考えを御霊《ごりょう》信仰という。

超越的存在がもたらす疫病のリスクに対して人びとは、二つの考え方によって対処した。一つ目は、自分たちの生活空間に疫神が入ってこないように、空間の境界部分で防御することである。代表的なのは、集落のはずれの道端に祀られる道祖神《どうそじん》である。道祖神は賽《さい》の神とも呼ばれ、丸石や男女二体の石像をご神体として設置されるケースが多くみられる。また地蔵や道案内の神であるサルタヒコと同一視されることもある。今でも古い集落の境界の道端などで目にすることができる。

神戸市須磨区にある「多井畑厄除八幡宮」は、最古の厄除け神社といわれている。この神社が鎮座しているのは、かつての摂津国と播磨国の境界部分である。古代の社会において、地域外からのさまざまな来訪者が伝染病をもたらすこともあった。そのため、集落や国の境目は防疫の要だった。また、正月に軒先に飾る注連縄や、夏の風物詩である風鈴も、もともとは魔よけの意味をもっていた。

二つ目の対処としては、入り込んでしまった疫神を外に送り出すことである。日本人は昔から、自分たちにとって困るもの、厄介なものを外に「送り出す」ことを実践してきた。落語で演じられる「風の神送り」はその代表的な行事である。落語のなかでも「大阪中どこでも風の神送りやってる。やってないのはうちとこぐらい」というセリフがあるように、インフルエンザのような伝染病が蔓延したときには各地域で行われていた。ただ、現在では風の神送りを行っている地域はほとんどない。数少ない事例としては、埼玉県の東秩父村白石《しろいし》地区では毎年五月に「白石の神送り」を行っている。しかし、毎年決まった時期に行われる祭事であることから蔓延した疫神を送り出すというよりは、防疫の意味合いが強いと考えられる。

他に「虫送り」という行事もある。現在のように農薬が使われる以前は、時として大量に発生する稲の害虫は多くの人びとを悩ませていた。そこで人びとは、田植えが終わった五月から七月頃に、お札や幟《のぼり》をもって神社やお寺から田んぼの周りを練り歩き、害虫を集めて回り（実際に虫を捕まえるわけではなく、虫の「気」のようなものをお札などに封じ込める）、それを川や海に流す。そうすることで稲の生育と五穀豊穣を祈願したのである。

疫病や害虫だけでなく、たとえば人とのトラブルや重大なミスがあった場合に、それを許す、清算するという意味でわたしたちは「水に流す」という言葉をしばしば用いる。水に流すということは、川から海へ流れていくことを意味する。古代の日本社会では、海のはるか向こうに、現世とはまた異なる世界が広がっていると考えられていた。延喜式という平安時代につくられた教典には、神事の際に神職などが読みあげる祝詞《のりと》が掲載されている。そのなかに六月晦日大祓というものがある。その祝詞のなかでは、人間が生きているなかで知らず知らずにさまざまな罪を犯しており、そのために厄災が降りかかってくるため、神事によって罪を流すという考え方が読み取れる。その祝詞には、人びとから洗い流された罪・厄は、海のはるか彼方にある根国底之国へと辿り着き、そこにいるスサノオノミコトが消し去ると書かれている。

二〇二〇年から、日本だけでなく世界中で新型コロナウイルスが流行した。その猛威は人類全体にさまざまな変更を余儀なくさせた。そのような社会状況のなかで、「風の神送り」のような祭事を復活させた地域もある。兵庫県姫路市の家島町《いえしま》である。家島ではかつて、「疫神流し」という行事が盛んに行われていた。ただ、大正時代以降は行われておらず、わずかに文献のなかに記録として残っているだけであった。コロナ禍で家島のさまざまな祭りが中止になった。そのような状況のなかで家島神社の宮司は、「何もかも中止にするのではなく、コロナ禍でできること、やるべきことをしよう」と考えたと語る。そこで、かつて家島で行われていた

「疫神流し」こそが、コロナ禍のなかで神社としてやるべきことだという結論に至った。氏子を中心に準備を進め、二〇二〇年七月に疫神流しを実施した。疫神鎮護の御幣を掲げて島内を練りまわり、最後にその御幣を笹船に乗せて海に流した。この時、大荒れだった海が、笹船を浮かべたとたんに穏やかになったという。また、疫神送りに参加した地域の人びとにも、この祭りはきわめて好評だった。地域の人びとが共に「送れ、送れ、疫神送れ」という掛け声をあげ、参加者のなかで一体感が生まれていた。

さまざまなリスクを、制御不可能なわざわいとして捉えた場合、そのわざわいは誰にでも降りかかる恐れのあるものとなる。他者の行いが、自分の身に危険なこととして降りかかることもある。したがって、わざわいを回避するために必要なのは、自分の行いを正すだけでなく、共同体として団結し、神の怒りに触れないようにすることである。すなわち、地域共同体、あるいは運命共同体の単位で適切な行為を選択することが、リスクマネジメントの観点からも重要な問題であった。家島町で復活した疫神送りのように、祭事はわざわいを乗り越えていくための共同体の下地をつくることにも貢献するのである。

第6章　神社空間の災害リスクポテンシャル

1　東日本大震災の被災地における神社への注目

日本各地に鎮座する神社は、数百年から数千年の時間単位で国土のなかに存在している。その間、人間社会は人為的・自然的を問わずさまざまなリスクに曝されてきた。すなわち、長く日本の国土に鎮座している神社は、その間に発生したリスクを何らかの形で乗り越えながら現在にその姿をとどめている。

二〇一一年の東日本大震災の後には、多くの人びとが神社と災害リスクとの関係に注目することとなった。メディアによる報道やいくつかの研究論文によって、東北被災地の沿岸部で津波の浸水域を避けるように神社が立地していることが報告されたからである。わたしも、東日本大震災の直後から被災地の支援活動を展開するとともに、沿岸部の状況をみてまわるなかで、津波にのまれた市街地や集落のなかで神社の鳥居に目が行った。そこで、宮城県から岩手県にかけて、沿岸部の神社の立地とその被災状況、さらに神社の由緒や祭神について調査を実施し、多くの神社が津波に対して安全な立地にあることを示した。さらにいくつかの神社は実際に、地震後の津波発生時に人びとが緊急避難場所として利用していたこともわかった。

東日本大震災の被災地において神社の調査をするなかで、福島県相馬郡新地町の熊野神社（写真6－1）を訪れた際、近くの住民に話を聞くことができた。この熊野神社は、海岸から約二キロの小高い丘陵上に鎮座している。海岸線から平坦な土地が続く相馬郡では、この丘の足元まで津波が押し寄せてきたが、熊野神社は丘の頂上付近に位置していたことから被災は免れた。周辺の地域の人びとで、この熊野神社まで避難する人も多かったという。一方で、熊野神社の鳥居をくぐり境内に入ると目に入ったのが、地震の揺れによって柱が基礎石からずれ落ち、屋根も崩落しそうな本殿の状況であった。津波の被害は免れたものの、長い期間修繕・改築できずにあった本殿は、強い揺れによって大きく損壊してしまったのである。地域住民によれば、集落の過疎と高齢化によって神社の維持管理が行き届いておらず、地震によって傾いてしまった本殿を建て直すことも難しいだろうとのことであった。さらに、完全に神社を廃してしまうことはできないので、小さな祠のような規模に縮小するかもしれないと語った。

東日本大震災の被災地では、熊野神社に限らず多くの人びとが神社や寺院に一時的に避難をした。一方で、神社・寺院が避難所となる場合、あらかじめ行政によって定められている指定避難所としてではなく、地域住民が自主的に避難所として活用するケースがほとんどであった。したがって、被災地への支援物資が届けられないケースも生じていた。また、政教分離の原則から、大規模自然災害によって被災した神社仏閣などの宗教施設は、再建に向けて公的な支援を受けられないという課題も、東日本大震災や二〇一六年の熊本地震の際に浮き彫りとなった。

人間社会の変遷とともに、常に地域住民の精神的支柱として、あるいはコミュニティの核として機能してきた神社は、災害の履歴を伝承する一つの社会装置としての可能性も有している。一方で現代社会においては、政教分離という前提、および地域での氏子制度の崩壊、神職の高齢化などさまざまな問題から、神社と地域社会との関係は密接であるとは言い難い。災害の履歴を伝え、地域防災の拠点となりうるポテンシャル

写真6－1　地震の揺れで本殿が倒壊寸前の熊野神社（福島県相馬郡新地町埒木崎熊野）（その後，社殿は再建）

があったとしても、神社空間そのものを適切に維持管理し、後世に持続可能な形で残していくことが困難になりつつある。

そこでまず必要となるのは、来るべき大規模自然災害において、日本の国土に鎮座している多くの神社の災害リスクを検証することである。さらに、安全性が担保される神社空間においては、その地域のシンボル的空間として、地域防災の実践のなかでの活用方策を検討していかなければならない。本章では、南海トラフ巨大地震のシミュレーション結果を用いながら、とくに大きな被害が想定される四国の高知県と徳島県、および和歌山県の神社の災害リスクについて考察する。

2　南海トラフ巨大地震による津波リスクと神社の立地特性

高知県・徳島県の沿岸部における神社の津波被災リスク

まず、高知県および徳島県沿岸部における神社の立地と、南海トラフ巨大地震が発生した場合の津波災害リスクについて比較検討してみよう。検討の方法として、(1)高知県および徳島県の沿岸部における神社の位置情報の抽出とリスト化、(2)南海トラフ巨大地震発生時の想定津波浸水域のリスクのマップ化、(3)神社の配置と津波災害リスクのGIS上での統合、の三つのステップを実施し、そのうえで神社の立地安全特性について考察した。

神社の位置情報の抽出については、徳島県においては徳島県神社庁ホームページ、高知県については文献『鎮守の森はいま』を参照しながら神社の位置情報を抽出した。津波被害との関係を考察するために、海岸線から一〇キロ以内に位置する神社を抽出し、分析の対象とした。

津波災害リスクのデータについては、「内閣府南海トラフの巨大地震モデル検討会」より公開された南海トラフ巨大地震のシミュレーション結果を用いた。このシミュレーションでは、南海トラフのすべり域によって、

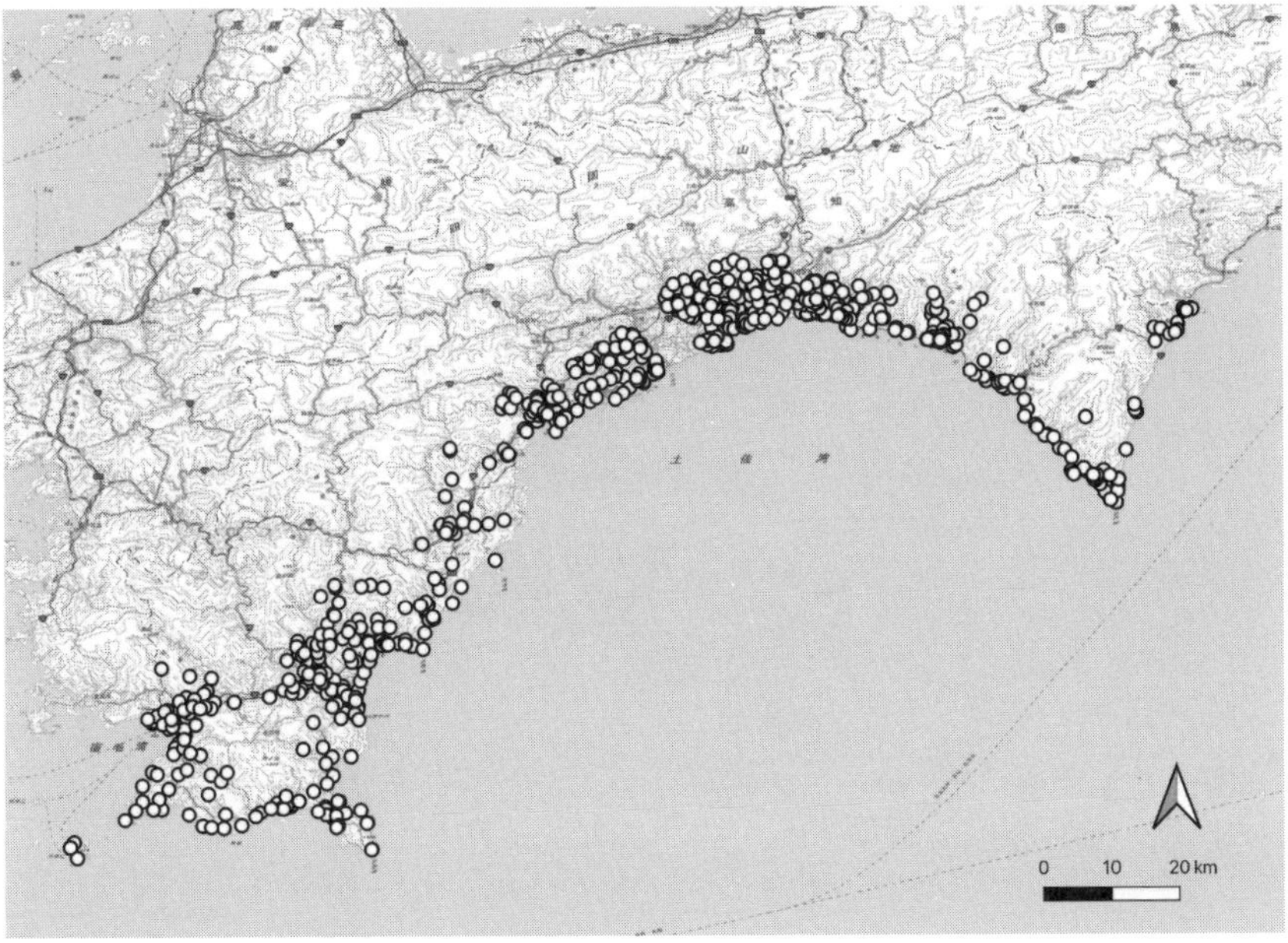

図6－1　高知県沿岸10km 以内の神社の位置

いくつかのケースの津波浸水シミュレーションが示されている。今回用いたのは、高知県および徳島県下で予想浸水深が最高になるデータである。具体的には、高知県については「四国沖」に「大すべり域＋超大すべり域」を設定したケース、徳島県については「紀伊半島～四国沖」に「大すべり域＋超大すべり域」を設定したケースで、地震発生から三分後に堤防が破壊すると想定した場合のデータである。

次に、神社の位置情報と津波災害リスクに関する可視化データをＧＩＳ上で重ね合わせ、それぞれの神社の災害リスクを検証した。ＧＩＳのアプリケーションは「ＱＧＩＳ」を用い、津波浸水区域内に位置する神社の数をカウントした後、それぞれの神社の由緒や来歴をふまえ、個別に考察を行った。

対象とする高知県の沿岸部における神社は七七七社である（図6－1）。津波のシミュレーションデータは、そのうち、「四国沖」に「大すべり域＋超大すべり域」を設定したケースの津波が発生

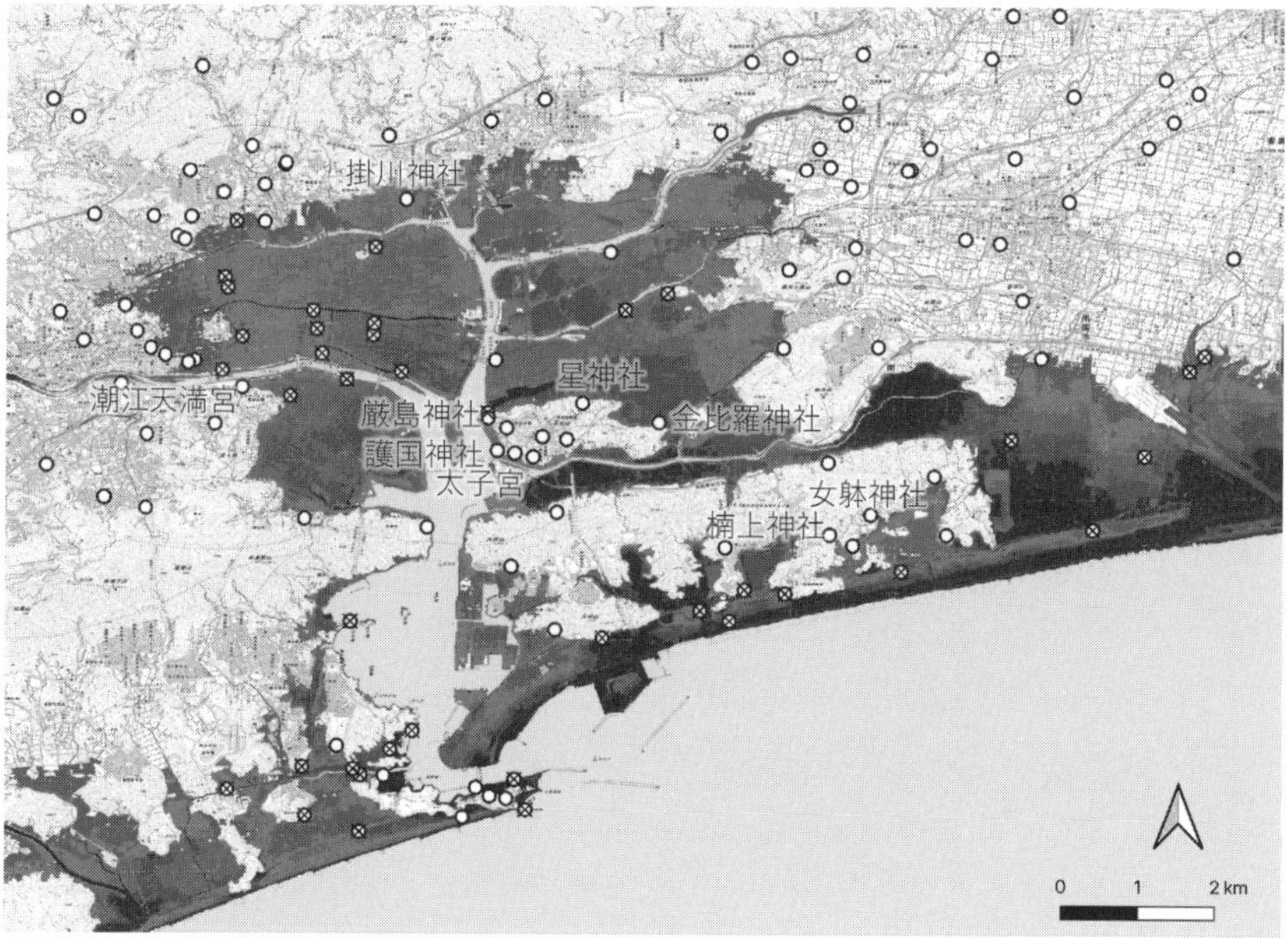

図6－2　高知市・南国市付近の神社と津波浸水想定区域

した場合、津波浸水域内に位置する神社は二二三社であった。地域ごとにいくつかの例をみてみよう。

高知県において最も広範囲に津波の浸水が想定されるのは、高知市・南国市付近である（図6－2）。シミュレーションのデータでは、高知市内では、海岸線からおよそ八キロの地域まで津波による浸水被害があることを示している。海岸線から長く平野部が続き、さらに津波が浦戸湾から入り国分川・鏡川を遡上する形で、広く被害をもたらすことが想定できる。

高知市の沿岸部をみてみると、女躰《にょたい》神社、楠上《くすがみ》神社などは、海岸線から一キロ程度の場所に鎮座しているものの、段丘状の地形にあることから、津波の被害を免れる結果となっている。

津波が湾から河川を遡上した場合の、最も上流の境界に鎮座しているのが潮江《うしおえ》天満宮であるこの神社は鏡川の右岸側、筆山の北麓に鎮座している。潮江天満宮の境内には神池と呼ばれる池があり、ここに龍神を祀っている。もともとはこの龍神を

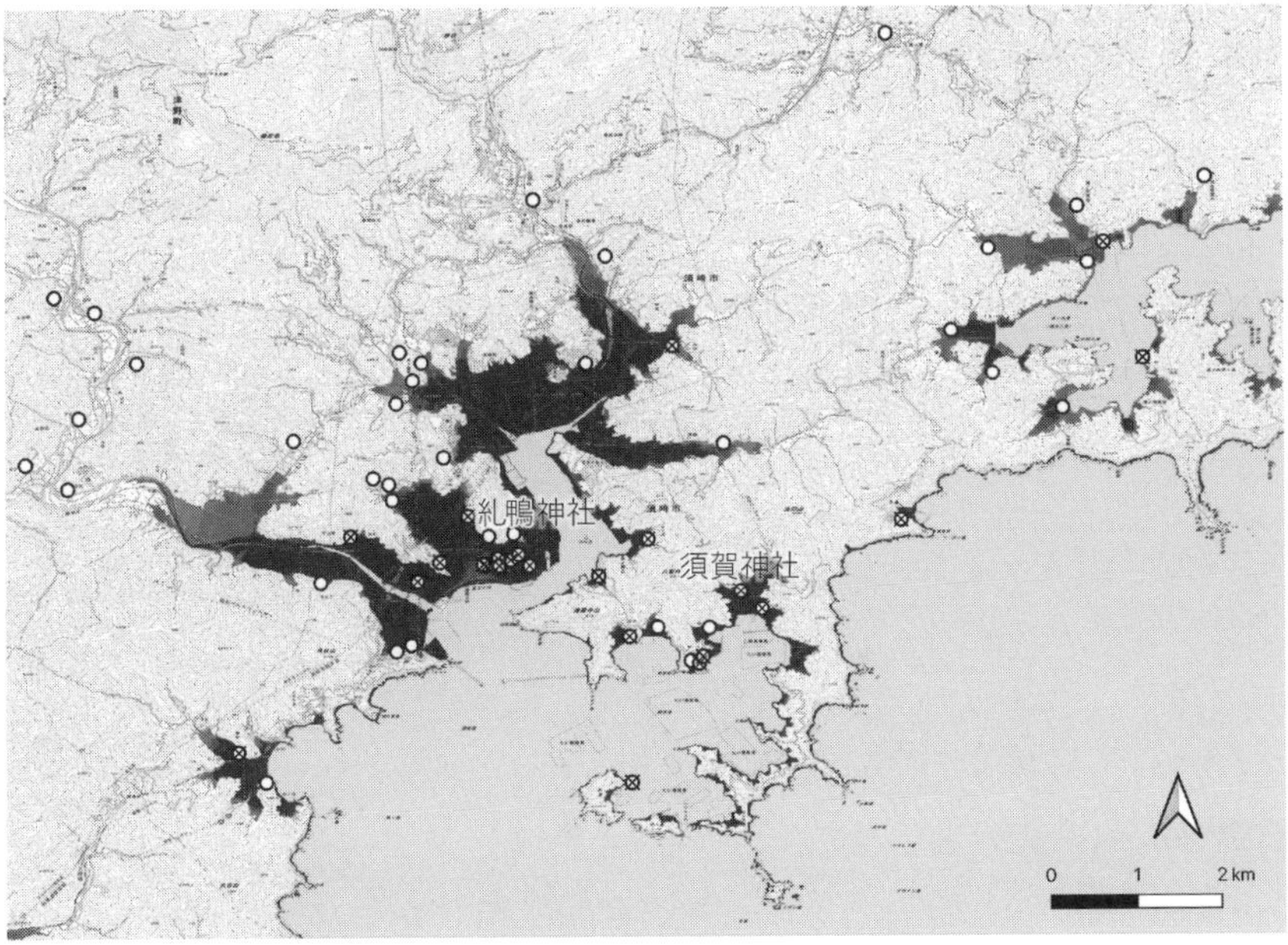

図６－３　須崎市付近の神社と津波浸水想定区域

祀る祠に、菅原道真の没（九〇三年）後に遺品をおさめたのが、潮江天満宮の始まりとされている。したがって、潮江天満宮の鎮座地は、古くから人びとの信仰の場であったことがわかる。

次に、五台山に鎮座する神社を見てみると、厳島神社、太子宮、護国神社、金毘羅神社、星神社など合計九社が鎮座している。津波の浸水域は、この五台山を取り囲むようになっていることがわかる。また、興味深いのは掛川《かけがわ》神社のように、平野部においても島状で浸水域を外れているケースである。これらは、その神社の場所が、周囲の土地よりもやや盛り上がった微高地となっていることが理由である。

高知県須崎市の沿岸部（図６－３）では、浸水域は高知市内に比べて広くはないものの、津波高が二〇メートルにもおよぶエリアもある。須崎市街地の神社の配置をみてみると、多くの神社が想定浸水域の境界付近に位置していることが確認できる。たとえば、紀鴨《ただすかも》神社などは沿岸の平地部に向かって突き出した岬のような地形の上に、海

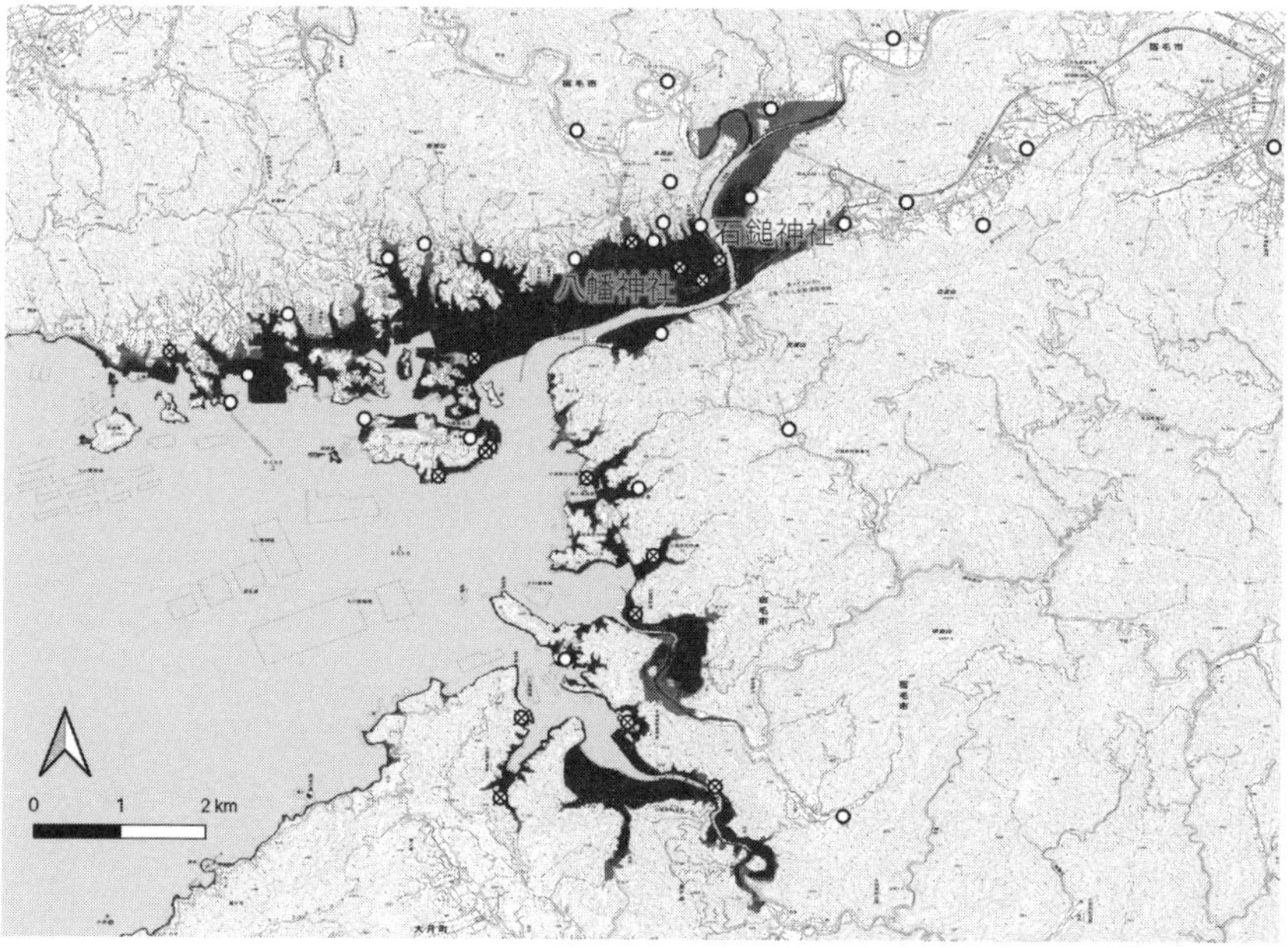

図６－４　宿毛市付近の神社と津波浸水想定区域

を見下ろすように鎮座している。この糺鴨神社では、境内の背後斜面に津波避難路が整備されている。また、須賀神社については、現地調査を行ったところ、境内の碑に宝永四年の大津波の際に社殿が流出したという記録が残っていた。過去の津波の記録から、この社殿の位置は津波に対して必ずしも安全とはいえないものの、当時の状況を伝えるという点において、現代における防災上の重要な意義を見出すことができる。

宿毛市付近（図６－４）をみてみると、松田川を津波が遡上する形で、上流まで被害が広がることが想定できる。神社の配置としては、松田川の氾濫原に位置する八幡宮などが浸水域内に位置するものの、他のほとんどの神社が浸水域を外れていることがわかる。石鎚《いしづち》神社の鎮座地はもともと宿毛城があった場所であり、松田川を見下ろすロケーションである。

徳島県沿岸部の対象神社（図６－５）は合計四三八社で、そのうち、徳島県において津波高が最も高くなると想定されるケースの津波浸水域に位

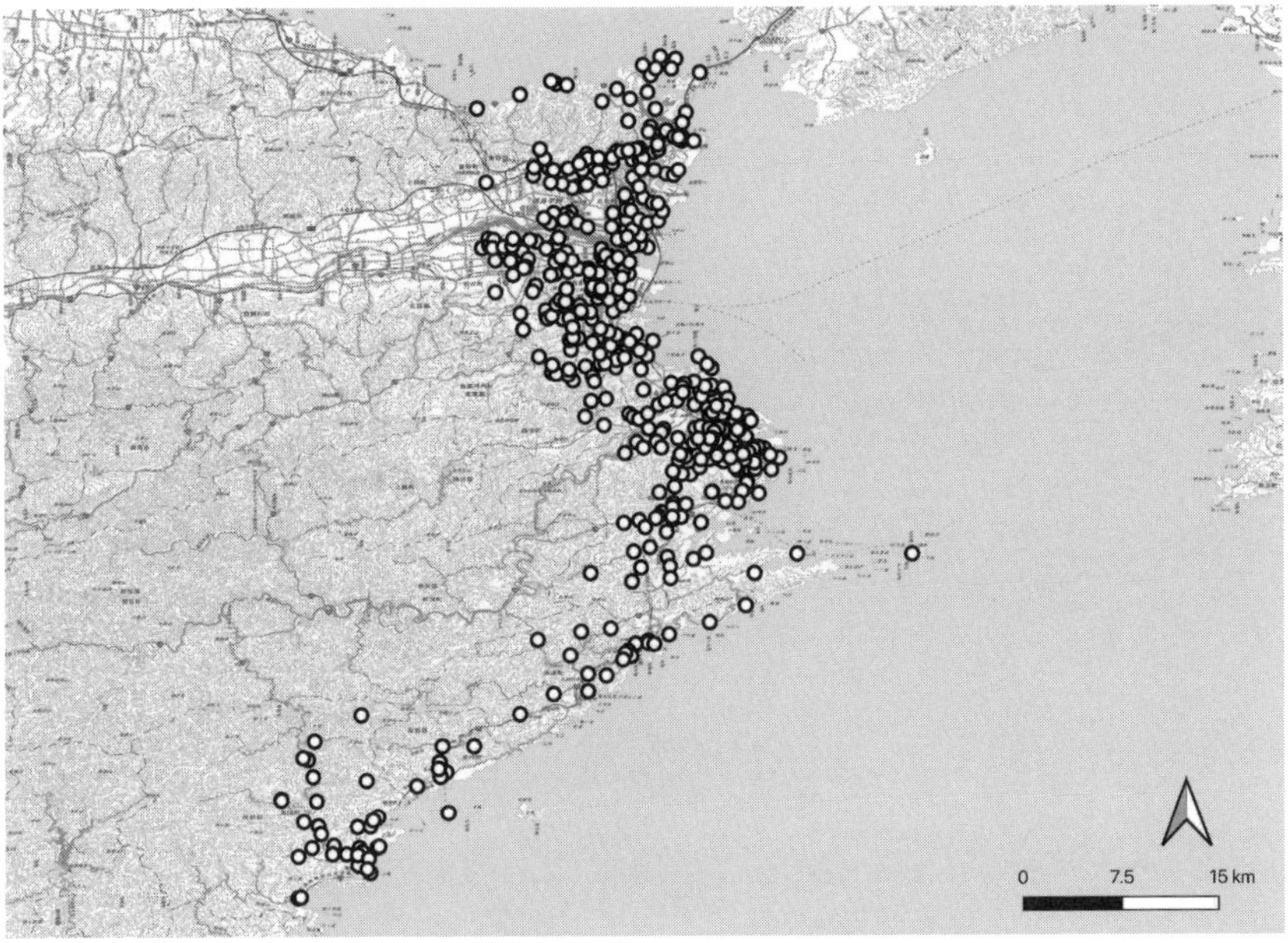

図６－５　徳島県沿岸10km 以内の神社の位置

置する神社は一三〇社であった。徳島市内の吉野川河口付近（図６－６）の結果をみてみると、このエリアでは平坦な地形の上に多くの神社が鎮座している。それに伴い、津波浸水域内に位置する神社も多い。そのなかでも、たとえば八幡神社は、沿岸部の小高い丘の上にあり、津波の被害を免れる結果となっている。また、津波の浸水域は眉山《びざん》の東麓まで広がっている。その眉山の山裾の斜面には、國端彦《くにたまひこ》神社、忌部《いんべ》神社など多くの神社が鎮座しており、それらの神社は浸水域を外れている。

小松島市も徳島市と同様に、海岸沿いの平地に市街地が広がっており、津波の浸水域も広範囲にわたっていることから、大きな被害を予想することができる（図６－７）。特徴的なのは、浸水域のなかに、島状に被害を免れる神社がいくつか存在することである。たとえば、天神社、島宮《しまみや》神社などである。これらの神社は、高知市内の例と同様に、いずれも農地内で独立した形の小高い丘、もしくは微高地に鎮座している。また、浸水域の境界付近に鎮座する天王社は、丘陵地の斜面に位置

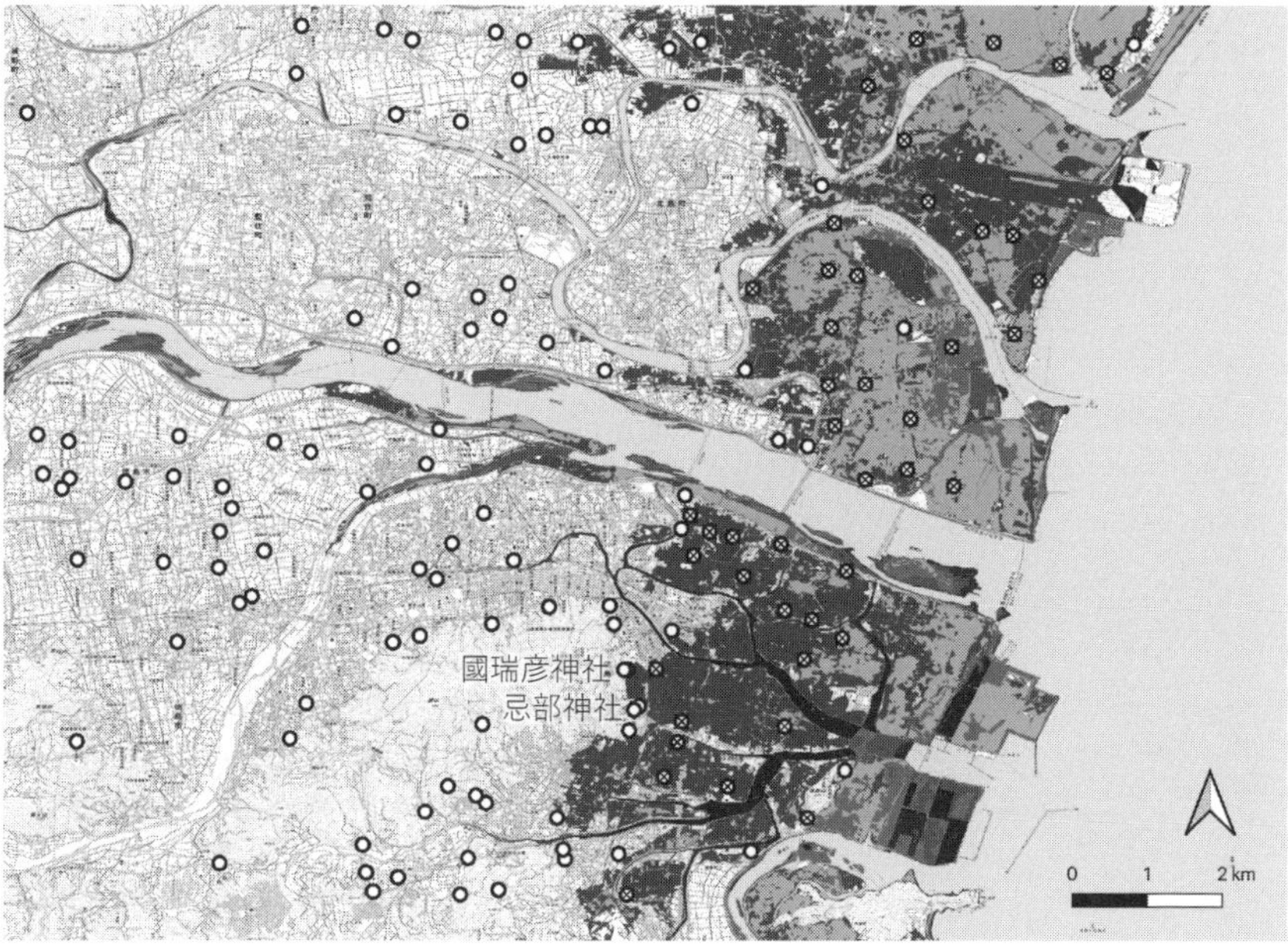

図6－6　徳島市付近の神社と津波浸水想定区域

しており、境内からは海を見渡すことができる。

図6－8は、海陽町における浸水域と神社の関係である。海陽町における津波浸水シミュレーションでは、海岸沿いの松林が防波堤のような役割を果たし、背後地の浸水域の面積は徳島市や小松島市に比べて少ない結果となっている。

海陽町の松林には、大里八幡神社が鎮座している。大里八幡神社では、一〇月に秋祭りが行われている（写真6－2）。秋祭りでは、海岸沿いの松林をだんじりが駆ける祭事が行われることから、自然の防波堤として機能している松林は重要な祭礼空間なのである。

延喜式内社の立地特性と安全性

高知県と徳島県における神社の津波被災リスクについてみてきた。四国太平洋沿岸部における神社の配置は、南海トラフ巨大地震による津波災害リスクを低減するうえで、重要な知見を示している。ここではさらに、現存する神社のなかで、その由緒および格式に着目し、平安時代にはその存在が確認されている延喜《えんぎ》式内社《しきないしゃ》の津波災害リスクを検討

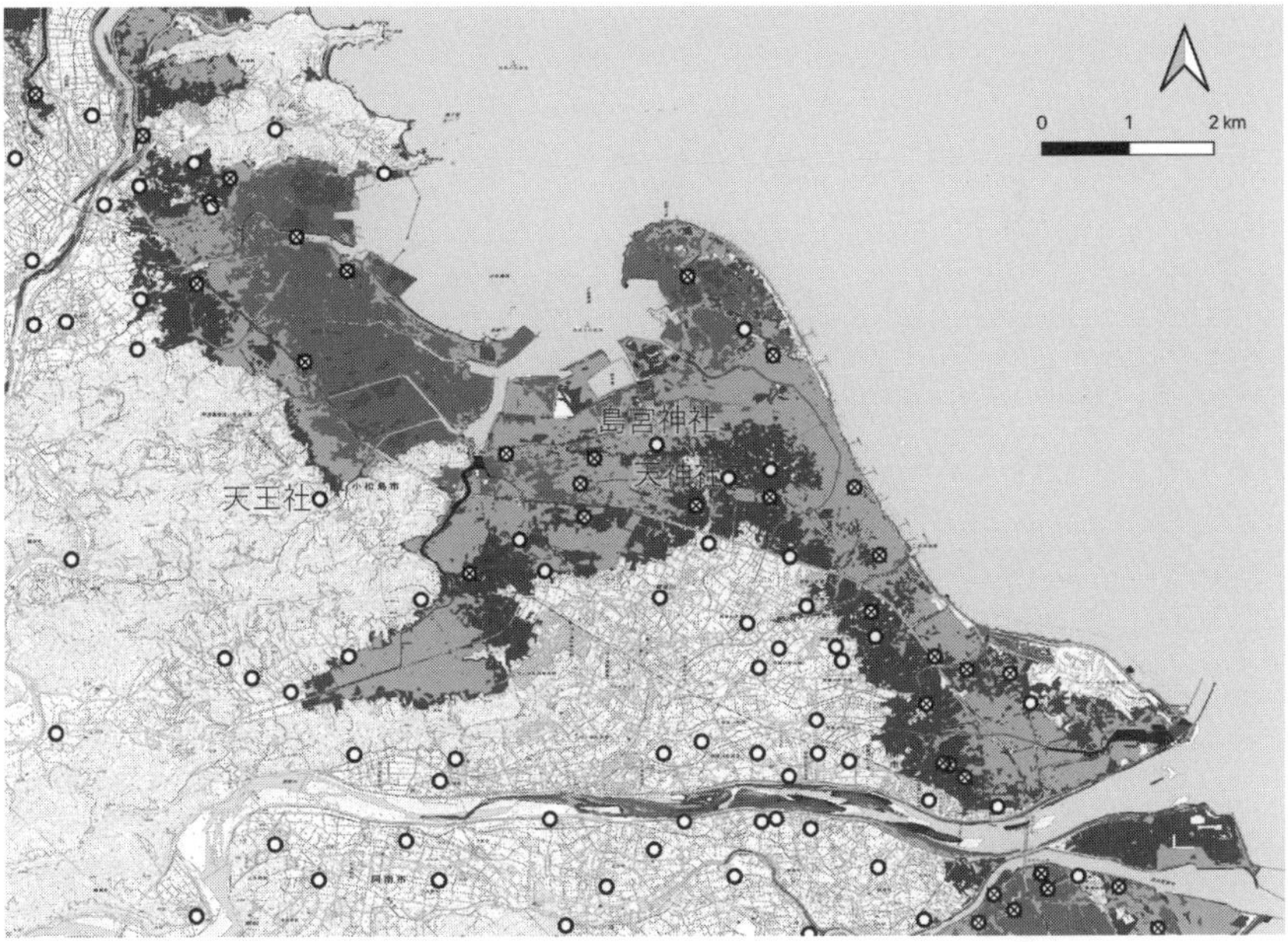

図６−７　小松島市付近の神社と津波浸水想定区域

写真６−２　海陽町・大里八幡神社の秋祭り

する。

延喜式内社とは、平安時代に編纂された「延喜式」のなかに明記された神社のことである。延喜式の「式」とは、いわば規範、規格、法律、節度という意味をもつ語である。すなわち「延喜式」とは、延喜の時代に整備・編纂された法典という意味である。延喜式以前にも、貞観式や弘仁式といった法典が存在した。延喜式はこれら両式を併合し、重複する部分を省くことで、より体系的な

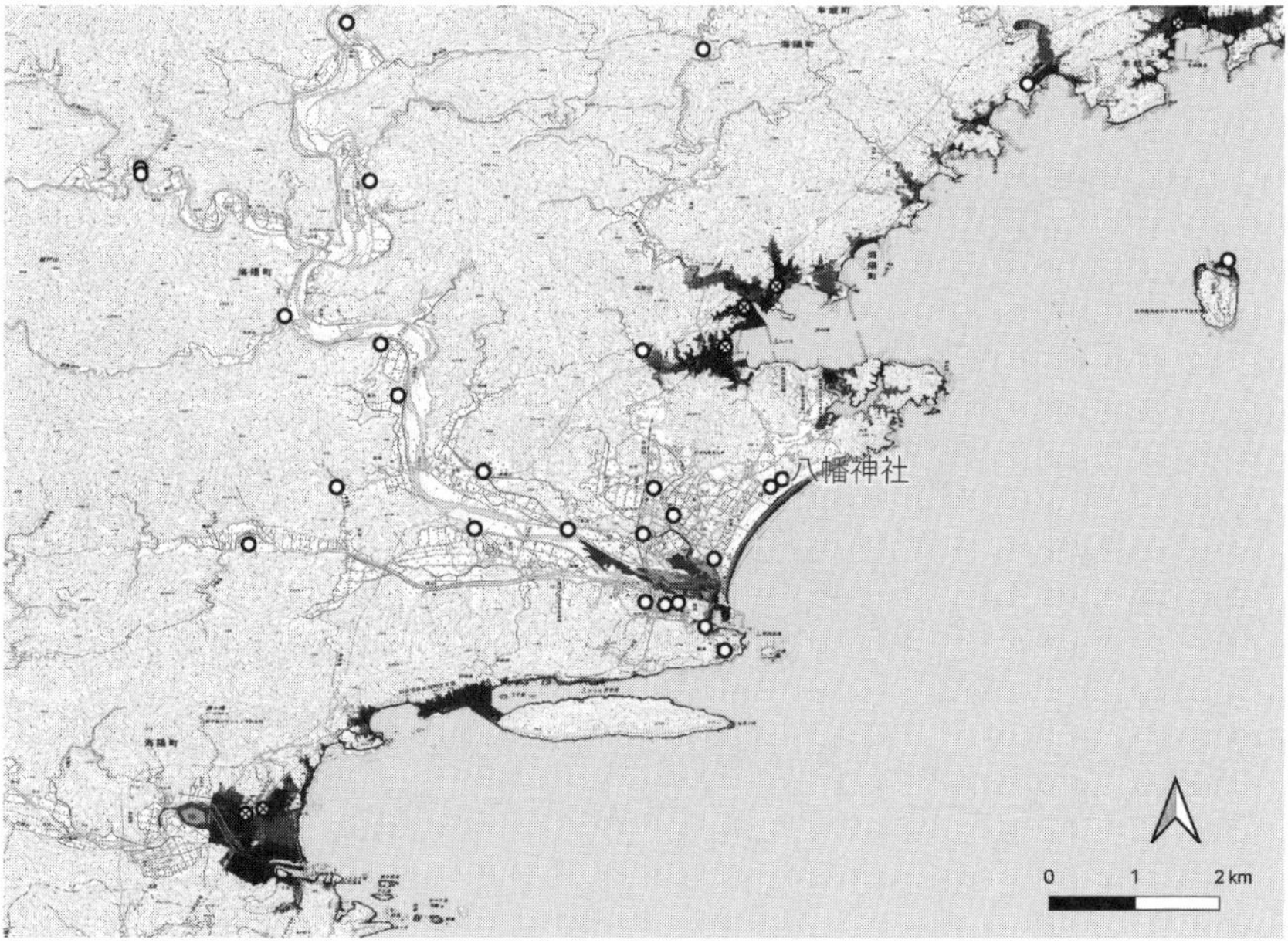

図6－8　海陽町付近の神社と津波浸水想定区域

式とすることを目的に編纂された。延喜五年（九〇五）に醍醐天皇の勅命により、左大臣・藤原時平らが編纂を開始し、二二年後の延長三年（九二七）に奏進、さらにその四〇年後（九二九）に施行された全五巻から構成されており、条数は約三三〇〇条と膨大な量となっている。

この延喜式のなかには神名帳（じんみょうちょう、しんめいちょう）と呼ばれる神社の一覧があり、それらはいわば当時の官社の一覧表と考えることができる。律令制度下の王朝時代において、国司の重要な仕事は、神祭を行うこと、神社を修造・管理することであった。そのなかで国司は、二月の祈年祭や毎月の朔日などにおいて幣帛《へいはく》を配布する任務を担っていた。幣帛とは、祭祀における神への捧げ物を指す。この任務を遂行する上で問題となるのが、全国に幾多とある神社のうちで、どの神社に幣帛を配布するかということである。そこで当時、霊験があるために朝廷より重要視されていた格式高い神社のリストが作成された。それが延喜式神名帳である。したがって式内社は、当時国家から積極的にサポートされていた神社であり、多くの人びとの信仰を集めていた重要な神社であると考えることができる。また式内社は、少なくとも延喜年間以前から存在していたことから、由緒ある神社である。

延喜式神名帳に明記された式内社は、全国で二八六一社である。さらにそれらの神社に祀られている祭神の社は三一三二座となっている。そのうち分析対象地である高知県（土佐国）で二一社、徳島県（阿波国）で五〇座の式内社が存在した。

前述したように、延喜式は平安時代に編纂されたものであり、そこに記された式内社も、長い年月のなかで、系統や由緒が明確でないもの、あるいは遷座しているものも存在する。したがって、現存する神社のなかで、式内社であると確証がもてない神社については、「比定《ひてい》」および「論社《ろんしゃ》」という考え方を用いる。「比定」とは、神社名、鎮座地、伝承などから、神名帳に記された式内社を推察して定めることである。また、式内社として比定された神社のことを論社と呼ぶ。比定する際には、諸説から一つの神社に限定できない場合は、一つの式内社に対して複数の論社が存在する場合もある。

現在において式内社と比定できる神社は高知県で二五社、徳島県で七六社である。そのうち、沿岸部に位置する式内社として、高知県内一八社、徳島県内三〇社を対象に、津波災害リスクの検証をしてみよう。

表6－1は高知県の沿岸部に位置する式内社の一覧である。今回対象とした沿岸部およそ一〇キロ以内の式内社一八社のうち、津波浸水域に位置するのは石土《いしづち》神社、加茂神社の二社であった。

高知市・南国市付近の式内社と津波浸水域との比較結果を図6－9に示す。高知市内においては、海岸からおよそ八キロ内陸部まで平地が広がっており、それに伴い、津波の浸水域も広範囲にわたることが予想されている。図6－9をみると、その浸水域を縁取るように式内社が鎮座していることがわかる。

津波浸水域が広範囲に広がる高知市内において、式内社はそのほとんどが被害を免れる結果となっている。浸水域内に鎮座している石土神社についても、社殿は石土山の裾に位置していることから浸水域に入っている

表6－1　高知県沿岸部の式内社

No	神社名	所在地	標高(m)	結果
22	王子宮	安芸郡芸西村和食馬上土居	46.8	
48	多気坂本神社	安芸郡奈半利町乙中里	13.3	
100	天忍穂別神社	香南市香我美町山川	160.2	
143	深渕神社	香南市野市町西野1202	22.9	
200	土佐神社	高知市一宮しなね２丁目16-１	20.4	
212	朝峯神社	高知市介良乙1927	7.5	
216	郡頭神社	高知市鴨部上町５－８	7.9	
265	朝倉神社	高知市朝倉丙2100-イ	12.0	
283	葛木男神社	高知市布師田1358	9.9	
284	葛木咩神社	高知市布師田1358	9.9	
426	室津神社	室戸市室津船久保3241	49.4	
485	高知座神社	宿毛市平田町戸内4233	24.5	
617	伊豆田神社	土佐清水市下ノ加江3135	76.0	
658	小野神社	南国市岡豊町小蓮1189	27.0	
663	豊岡上天神社	南国市岡豊町常通寺島619	6.4	
680	石土神社	南国市十市字石上4327	3.0	×
685	殖田神社	南国市植田1267	42.9	
745	加茂神社	幡多郡黒潮町入野6930	7.9	×

出所：筆者作成。

が、境内地の大部分である石土山自体は浸水しない。石土神社については、背後の石土山が信仰上重要な意味をもっていると考えることができる、この神社は、愛媛の石鎚山《いしづちさん》に鎮座する石鎚神社と深い関わりがある。石鎚神社は、西日本の最高峰である石鎚山の北側山麓に鎮座しており、石鎚山をご神体とした山岳信仰の霊地である。古くから、高知県の石土神社の境内にある洞穴は、この石鎚山までつながっているという伝承が残っている。石土神社本殿の横からは、背後の石土山に登ることができ、その上にはいくつかの祠が存在する。以上のことから、石土神社においては、本殿よりもむしろ、背後の石土山が神社空間としての重要な意味をもっている。

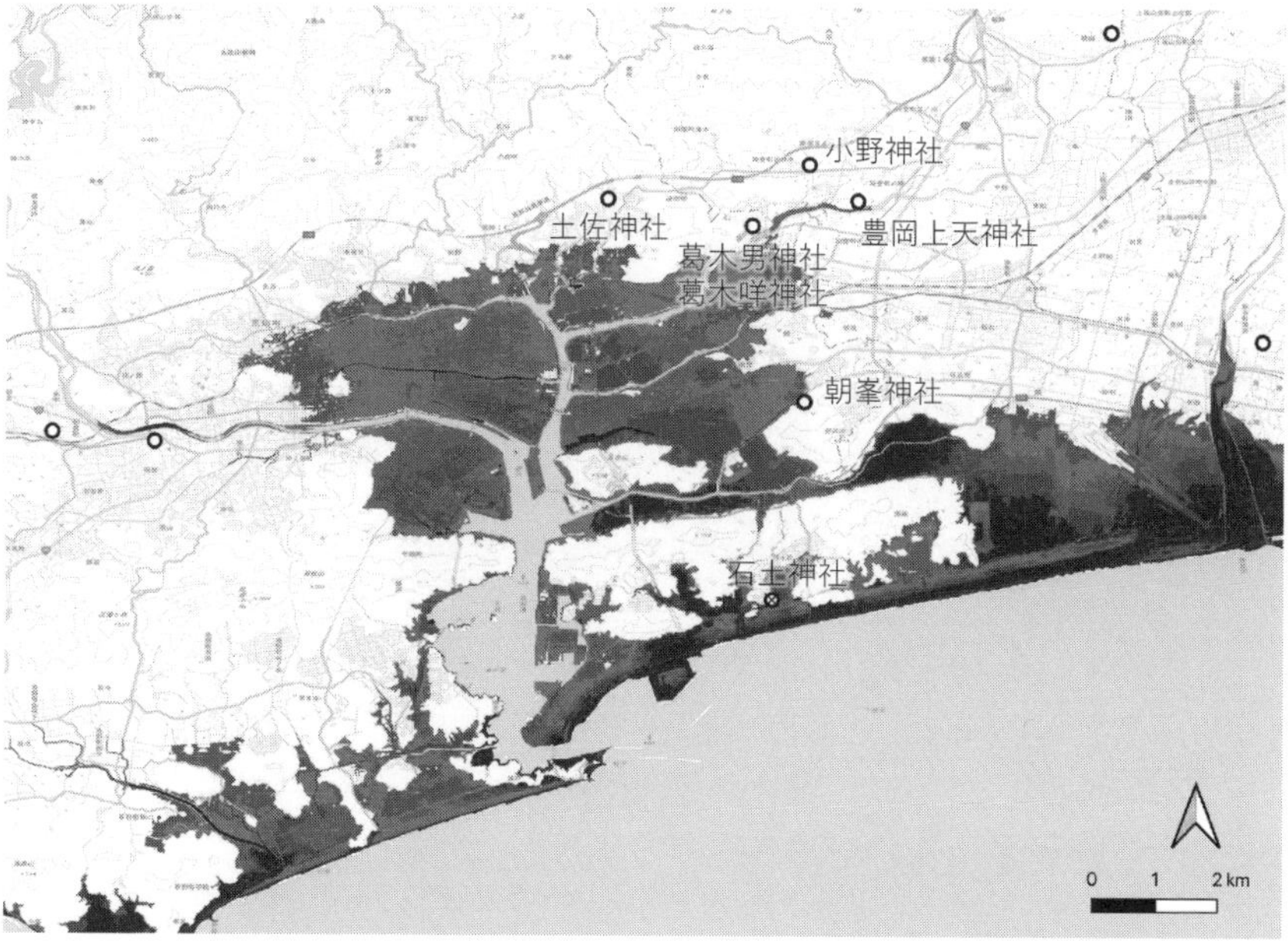

図６－９　高知市・南国市付近の式内社と津波浸水想定区域

加茂神社については、津波の想定が「四国沖」にすべり域を設定したケースの場合では境内地全体が浸水する結果となった。しかし、「紀伊半島～四国沖」にすべり域を設定したケースでは、本殿は浸水するものの、その本殿を挟むようにして伸びるなだらかな丘陵は被害を免れる結果となっている。重要なのは、加茂神社は、この丘陵地を含んだ海岸林全体が境内地だということである。したがって、本殿は津波の被害を受けたとしても、境内地の丘陵上はリスクを回避できる可能性がある。さらに、この加茂神社には、安政の大地震時に発生した津波の状況を伝える石碑が残っている。石碑には、津波が七回にわたって襲来したことや、その後、集落の家屋などがすべて流されたことなどが記されている。加茂神社のもつ一つの防災上の重要な意味は、かつての地震と津波の被害状況を後世の人びとに伝えていることである。すなわち、日本の国土に長く鎮座する式内社が、災害の伝承装置としての役割を果たしているのである。

次に、徳島県沿岸部における式内社の一覧を表

表６－２　徳島県沿岸部の式内社

No	神社名	所在地	標高(m)	結果
790	羽浦神社	阿南市羽ノ浦町中庄千田池32	15.5	
807	賀志波比賣神社	阿南市見能林町柏野22	2.7	×
828	室比賣神社	阿南市新野町入田136	51.6	
838	八桙神社	阿南市長生町宮内463	23.4	
846	津峯神社	阿南市津乃峯町東分343	285.2	
895	古烏神社	阿南市宝田町大字下荒井字川原64	3.3	
901	阿津神社	海部郡海陽町相川阿津１	53.3	
902	和奈佐意冨曾神社	海部郡海陽町大里松原２	12.3	
956	生夷神社	勝浦郡勝浦町沼江田中71	25.9	
980	豊国神社(境内御懸神社)	小松島市中郷町字豊ノ本４	4.2	
981	建嶋女祖命神社	小松島市中田町字広見42	11.4	
1029	大御和神社	徳島市国府町府中644	7.8	
1031	八倉比賣神社	徳島市国府町矢野531	51.1	
1032	王子和多津美神社	徳島市国府町和田宮の元20	5.7	
1043	勝占神社	徳島市勝占町中山26	64.8	
1048	宅宮神社	徳島市上八方町上中筋558	6.8	
1078	立岩神社	徳島市多家良町立岩	36.7	
1079	山方比古神社(金山神社)	徳島市多家良町立岩41	37.5	
1095	忌部神社	徳島市二軒屋町２-48	83.7	
1097	速雨神社	徳島市八多町坂東91	28.3	
1099	宇母理比古神社	徳島市八多町森時41	24.9	
1113	朝立彦神社	徳島市飯谷町小竹101	337.1	
1116	雨降神社	徳島市不動西町４-2024	4.2	
1119	天佐自能和気神社	徳島市不動東町４宮西569-１	2.6	
1129	大麻比古神社	徳島市明神町６－２	0.7	×
1140	岡上神社	板野郡板野町大寺字岡山路７	27.4	
1164	宇志比古・宇志比賣神社	鳴門市大麻町坂東字牛宮東18	14.5	
1166	大麻比古神社	鳴門市大麻町坂東字広塚13	46.5	
1173	宇志比古神社	鳴門市大麻町大谷字山田66	22.6	
1182	大麻比古神社境内天神社	鳴門市大麻町坂東字広塚13	46.5	

出所：筆者作成。

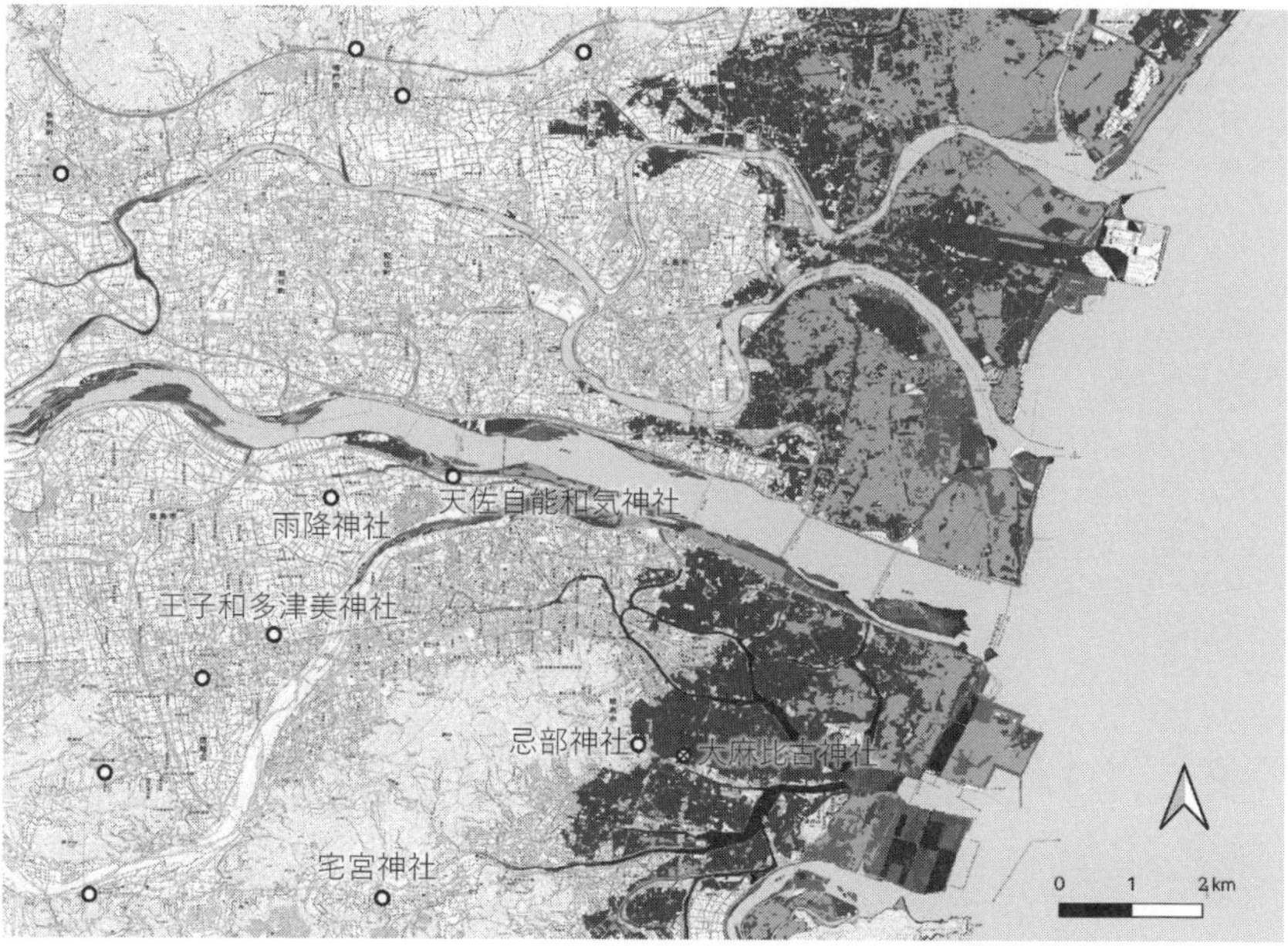

図6－10　徳島市付近の式内社と津波浸水想定区域

6－2に示す。今回考察対象とした徳島県沿岸部の式内社三〇社のうち、津波の想定浸水域内にある神社は二社であった。徳島県の式内社の分布は、吉野川沿いおよび徳島市、小松島市の沿岸部に多い。図6－10、図6－11に小松島市・徳島市付近の式内社と津波浸水域の比較結果を示す。

　小松島市と徳島市の沿岸部においても、ほとんどの式内社が津波浸水域から外れている。なかでも小松島市付近では、想定浸水域を縁取るように式内社が鎮座している。また、建嶋女祖命《たつしまめおやのみこと》神社は、平地内の丘陵上に位置しており、周辺の集落から参道が続いておりアクセスが良く、さらに境内から海岸付近の状況を見通せることから、津波発生時の避難場所としてのポテンシャルは高い。

　一方で、浸水域内に位置していたのは、賀志波《かしわ》比売《ひめ》神社と大麻比古《おおまひこ》神社の二社であった。賀志波比売神社は、津峯《つのみね》神社とともに、延喜式神名帳に記載された「賀志波比賣神社」に比定される論社である。すなわち、式内社である「賀志波比賣神社」は、賀志波比売神社か津峯神社のいずれであ

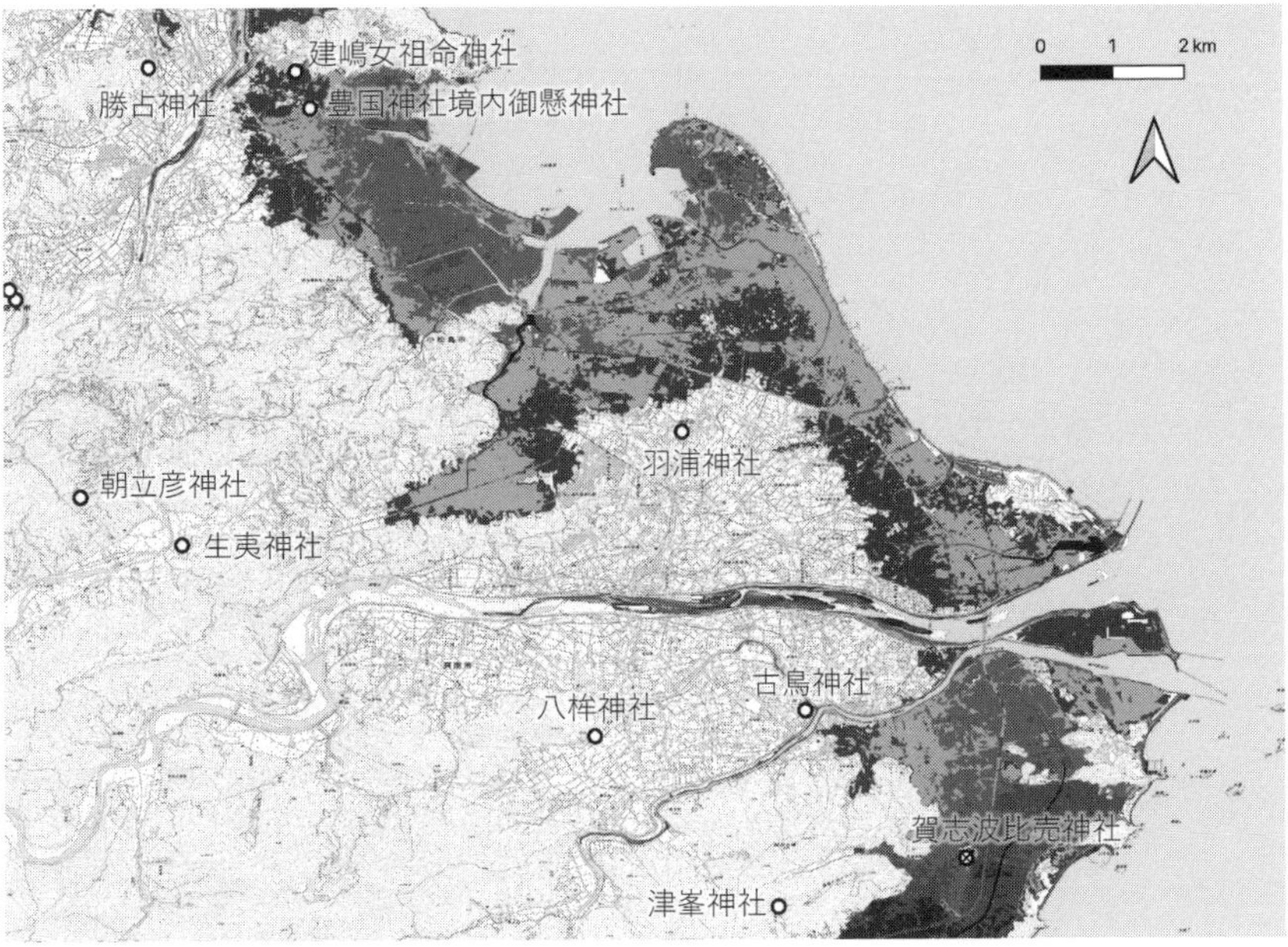

図6－11　小松島市付近の式内社と津波浸水想定区域

るかは定かではない。津峯神社に祀られている祭神も賀志波比賣大神であり、その神はアマテラスの幼名だという説もある。賀志波比賣はカシワヒメであり、賀志波比売神社および津峯神社の鎮座する見能林という地域には広い柏野が広がっていた。また、集落にも柏木という姓が多いことから、もとはこの地名を神の名に冠したという説もある（谷川 一九七六）。由緒によれば、現在の賀志波比売神社の境内地から、古代に津峯山の山頂に神社を遷座したのが津峯神社のはじまりといわれている。すなわち、賀志波比売神社が津峯神社の本宮という意味である。しかし、賀志波比売神社は現在、その北側に鎮座する八幡神社の飛地境内末社という位置づけであり、もともとの鎮座地が現在の位置であったかどうかは判断が難しい。津峯山に遷座する前は境内地が広大なものであったということから、賀志波比売神社の立地特性を考える場合には、津峯山も含んだ広域な視点をもつ必要があるだろう。

　大麻比古神社については、式内社である「麻能《まの》等比古《とひこ》神社」に比定する説がある。一方で、大麻比古神社は別名「弥吉明神」とも呼ばれ、一六五三年の創建とされるのが有力な説である（三好 二〇〇〇）。したがって、式内社としての津波災害リスクを検討するうえでは、対象から除外してもよいと判断できる。

以上、式内社の津波被災リスクについて考察を行ってきた結果、高知県および徳島県において延喜式内社として比定できる神社は、津波被災リスクを回避しうる立地特性を有していることが明らかになった。このことは、今後の津波に対する防災・減災計画を立案するうえで重要な意味をもつ。式内社の立地とハザード情報を照らし合わせることで、自然災害を含んだ空間の履歴をふまえて、防災・減災計画の立案につながるのである。

3　自然災害に対する神社空間の総合的安全性

和歌山県下の神社における津波・河川氾濫・土砂災害のリスク

では津波以外の自然災害について、神社は同様に安全な立地特性を有しているのだろうか。ここでは、和歌山県を対象として、南海トラフ巨大地震の津波のみならず、河川氾濫や土砂災害の災害リスクについても検討を行ってみよう。

和歌山県を対象としたのは、主に次の二点の理由からである。一点目は、和歌山県は熊野信仰をはじめとして、日本における信仰上の重要な地域だからである。熊野信仰だけでなく、古事記や日本書紀などには和歌山を舞台とした描写が多くみられる。二点目は、その地理的特性から土砂災害、津波、河川氾濫など多様な自然災害が発生するリスクが高い地域だからである。二〇一一年の台風一二号襲来時には、和歌山県の各地において大規模な土砂崩れや河川氾濫による被害が発生した。また、今後起こりうる南海トラフ巨大地震発生時の津波被害、紀ノ川をはじめとする河川氾濫など、さまざまな自然災害のリスクが高い地域である。検討の対象となる神社については、津波のみならず、河川氾濫や土砂災害についても検討することから、和歌山県神社庁の

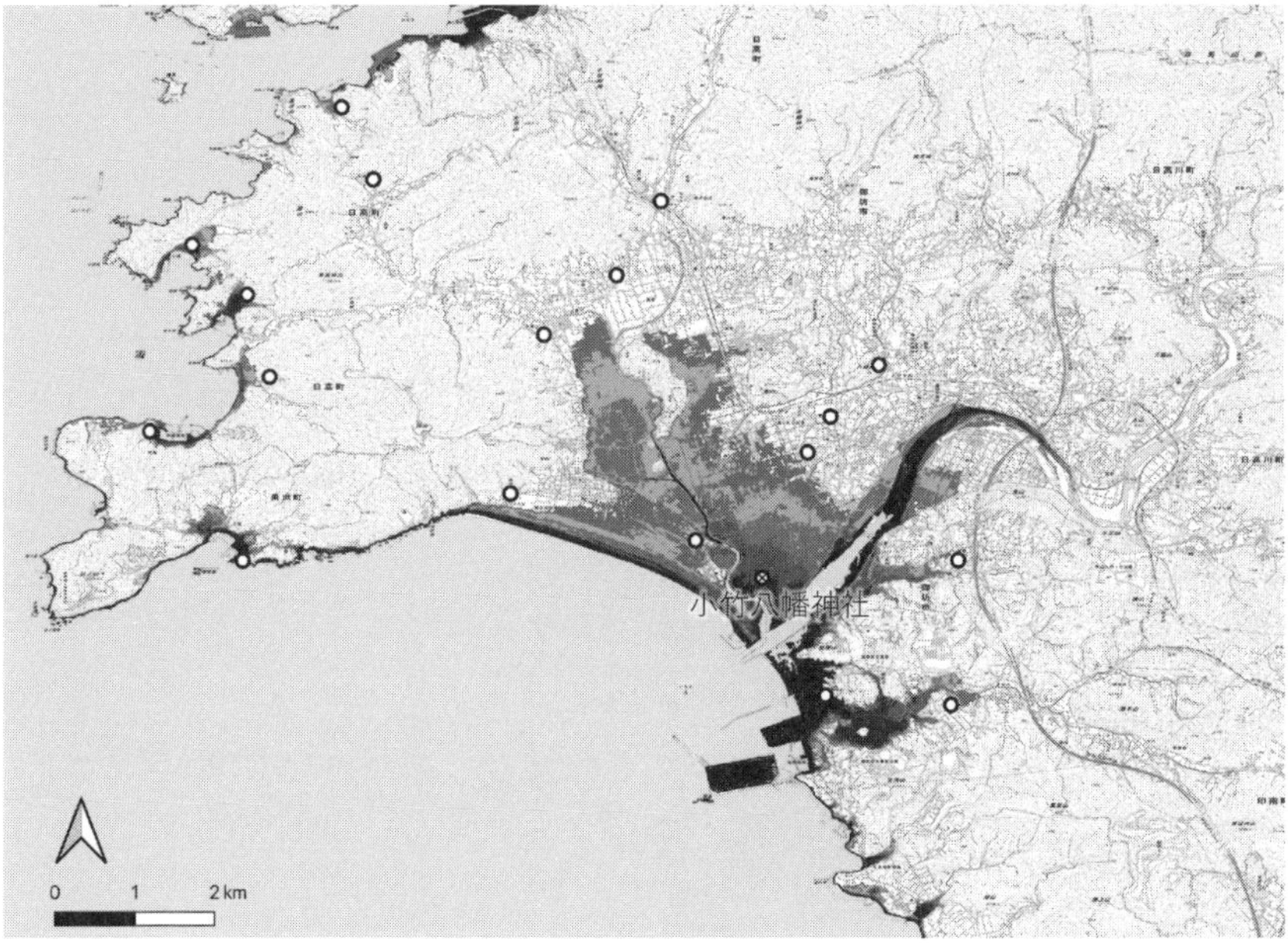

図6－12　日高町・御坊市付近の神社と津波浸水想定区域

ホームページに掲載されている県下全域三九八社の神社を対象とした。

まず、津波災害リスクについて検討していこう。津波については、四国での検討と同様に、「内閣府 南海トラフの巨大地震モデル検討会」より公開された南海トラフ巨大地震の予測浸水深のうち、和歌山県下で予想浸水深が最高になるものを採用した。

津波の想定浸水域内に位置している神社は、三九八社のうちで三八社であった。すなわち、全神社のおよそ一〇パーセントにあたる。たとえば、図6－12は日高町・御坊市付近における津波浸水想定域と神社の配置の関係である。このエリアでは、小竹《しの》八幡神社が浸水域内に位置している。その他の神社は、浸水域の境界付近に多く立地していることがわかる。図6－13は、田辺市付近の神社の配置である。このエリアは切り込んだ海岸地形になっており、津波の想定高も高く、大きな被害が出ることが予想できる。田辺市付近でもいくつかの神社が被災するシミュレーション結果と

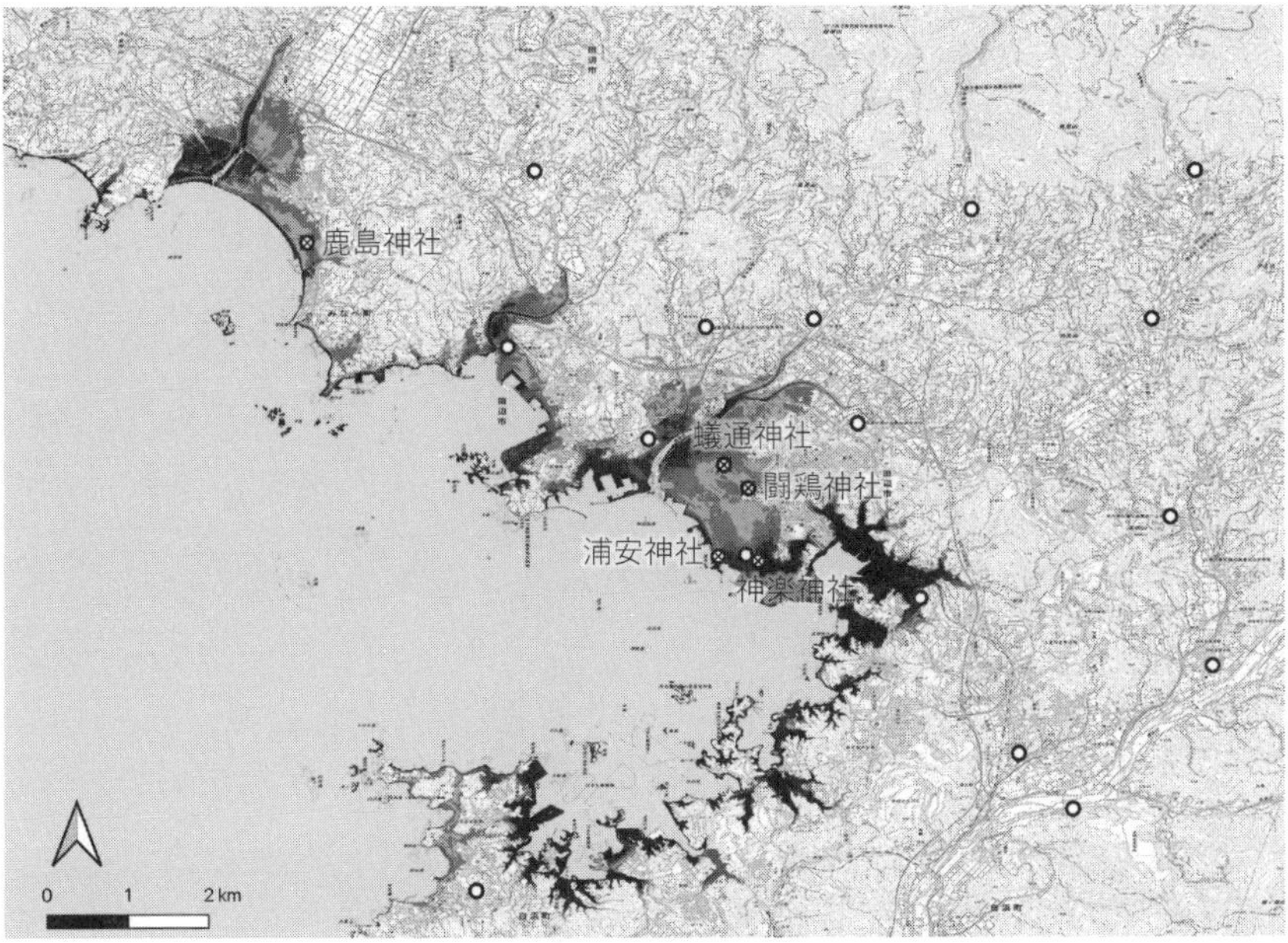

図6－13　田辺市付近の神社と津波浸水想定区域

なっている。鹿島神社、蟻通《ありとおし》神社、浦安神社、神楽《かぐら》神社、闘鶏《とうけい》神社などである。これらの神社はいずれも、海岸部の平地の上に位置している。図6－14をみてみると、和歌山市沿岸部では、津波高さはそれほど高くないものの、紀ノ川の河口付近で浸水被害が想定されている。この付近では、鹽竈《しおがま》神社や矢宮《やのみや》神社といったいくつかの神社は浸水する結果となっているものの、多くの神社が浸水域の境界付近で被害を免れる。

次に、河川氾濫リスクに関するポテンシャルを検証する。河川氾濫については、国土交通省国土政策局国土情報課が公開している国土数値情報ダウンロードサービスの「浸水想定区域データ（データ作成年度：平成二四年）」を用いた。

対象とした三九八社の神社のうち、河川氾濫で被害の出る可能性のある神社は三七社であり、全神社に対しておよそ一〇パーセントという結果になっている。このことから、多くの神社は河川氾濫の危険性を回避した立地特性を有していることがわかる。和歌山県は、急峻な山地が多く、逆に

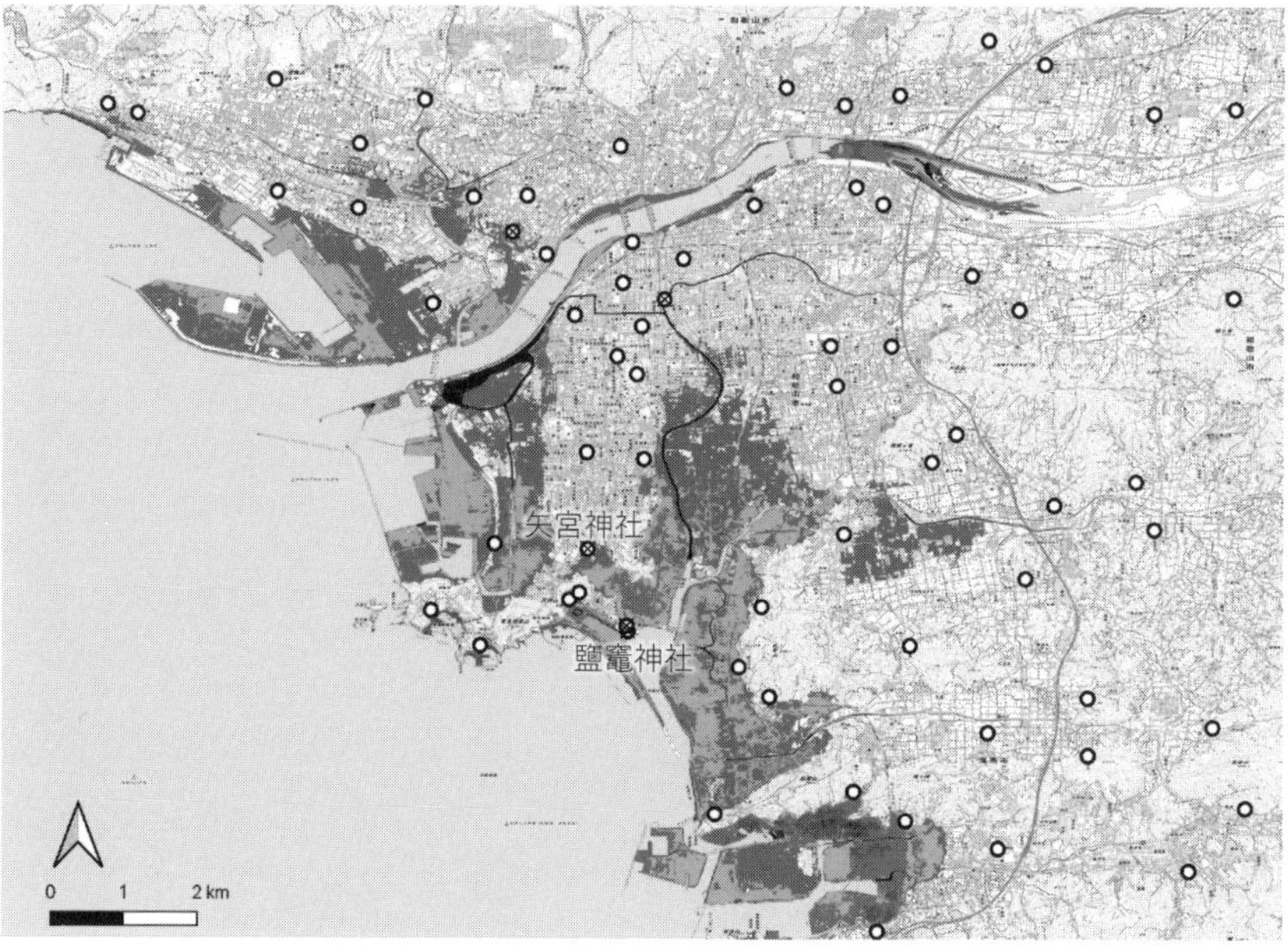

図６－14　和歌山市付近の神社と津波浸水想定区域

平坦な低地の面積が少ないことから、このような結果になったとも考えられる。

河川氾濫による浸水の被害が最もあると想定されるのが和歌山市の紀ノ川付近である。図６－15は河口付近の浸水域と神社の配置である。浸水域内にいくつかの神社が立地する一方で、浸水深が五メートル以上と高くなるエリアには神社は位置していない。

神社空間の土砂災害リスクについても検討を行った。土砂災害のハザード情報は、国土数値情報ダウンロードサービスの「土砂災害危険個所データ（データ作成年度：平成二二年度）」を用いた。

その結果、対象全三九八社のうち、土砂災害危険区域内に鎮座しているのは一三三社であった。全神社に対しておよそ三三パーセントが土砂災害危険区域内に位置する結果となり、津波や河川氾濫に比べてその割合は高い結果となった。

図６－16は紀ノ川中流部にあたるかつらぎ町付近の結果である。紀ノ川を挟むようにして連なる山地には、土石流危険渓流や地すべり危険個所が

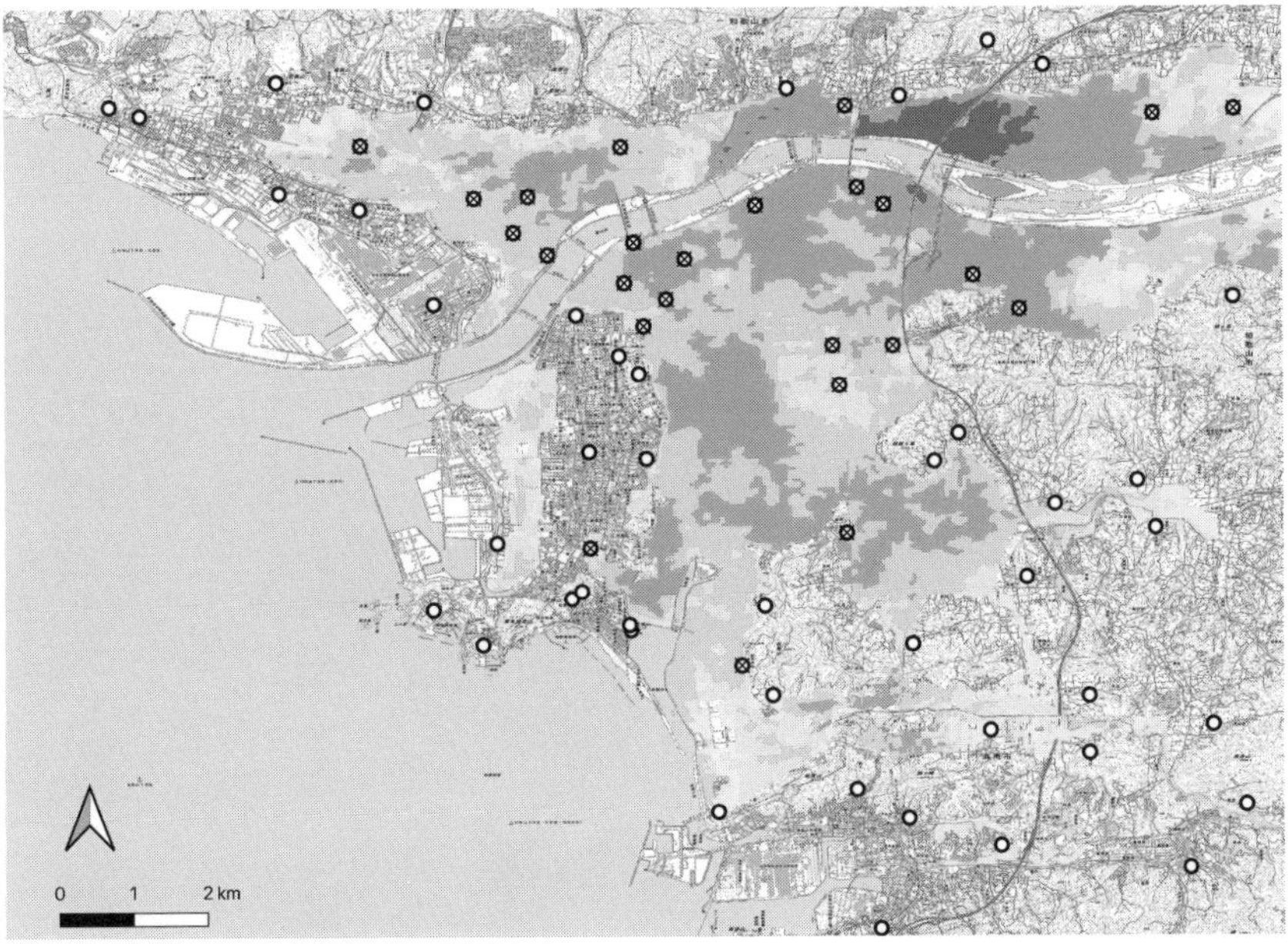

図6－15　和歌山市付近の神社と河川氾濫想定区域

分布している。このエリアでとくに多かったのは、土石流危険渓流の域内に位置する神社である。一方で、山地内においても、土砂災害危険区域をすべてかわす形で鎮座している神社も多くある。

以上のように、和歌山県下の神社の災害リスクポテンシャルについて検討した結果、津波については九〇パーセント、河川氾濫についても九〇パーセント、土砂災害については六七パーセントが安全性を有する立地であることがわかった。四国の例と同様に、和歌山県の神社についても、式内社に着目してその被災リスクを分析してみよう。和歌山県下の式内社（論社、比定社）は全二四社である（表6－3）。そのうち、南海トラフ巨大地震による津波の被害を受ける可能性が高いのは、潮崎本《しおさきもと》之宮《のみや》のわずかに一社だけであった。土砂災害については、須佐《すさ》神社、名草《なぐさ》神社、丹生都比売《にうつひめ》神社の三社である。河川氾濫については、二四社中で八社が氾濫域に位置する結果となった。和歌山県下において式内社は、津波や土砂災害のリスクを回避しうる立地特性であることがわかる。一

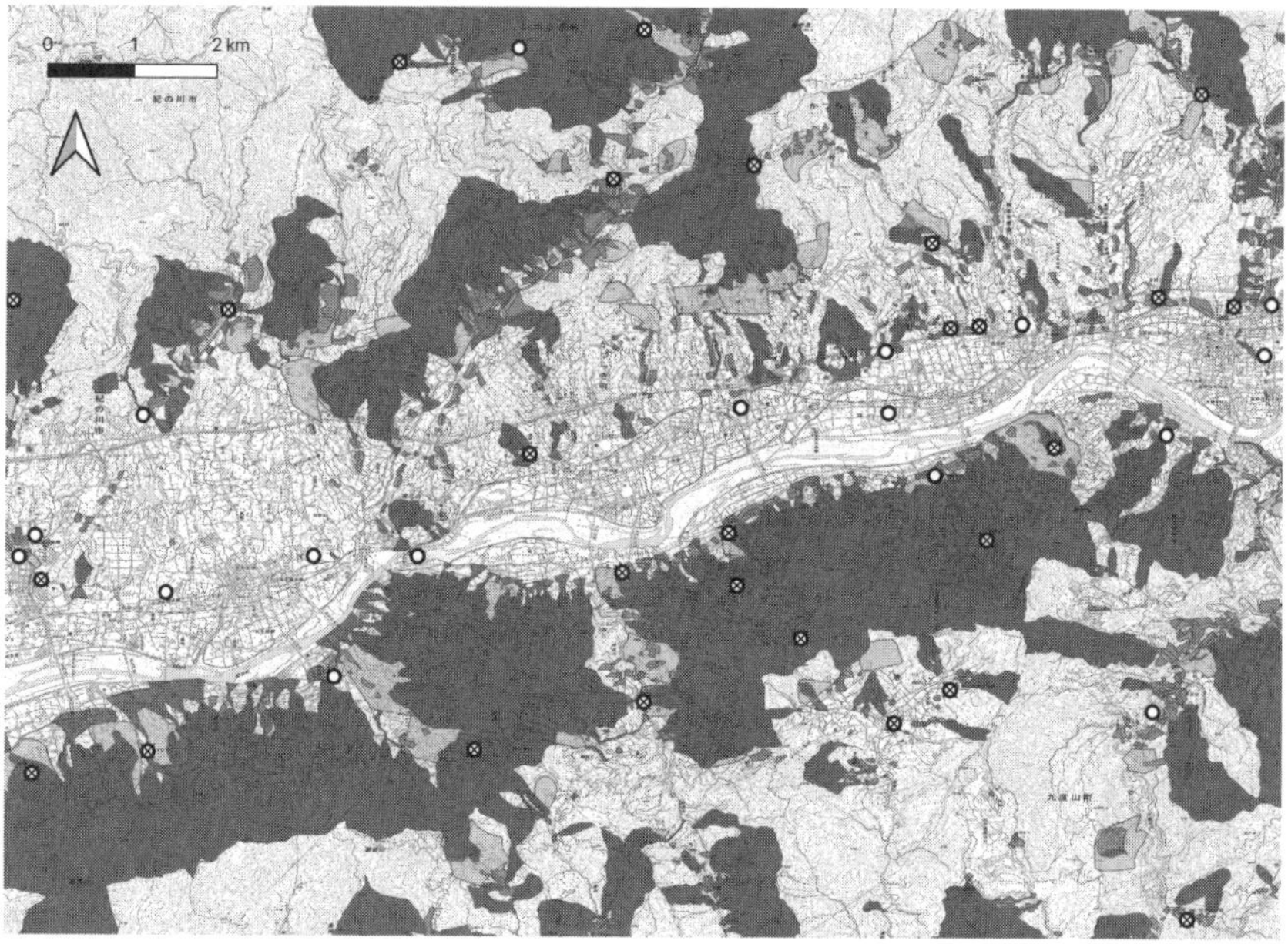

図6－16　かつらぎ町付近の神社と土砂災害危険箇所

方で、河川氾濫に関しては、紀ノ川の下流部において多くの神社がその浸水域内に位置していることもわかった。

神社の祭神と系統への着目　次に、神社の祭神および系統に着目し、それぞれの神社の立地特性と災害リスクについて考察してみよう。和歌山という土地に根ざした祭神として、イタケルノミコト（イソタケルノミコトとも呼ぶ）をあげることができる。次の文は、日本書紀に記されたイタケルが登場する場面の記述である。

> 初め五十猛神、天降ります時に、多に樹種将ちて下る。然れども韓地に殖えずして、尽に持ち帰る。遂に筑紫より始めて、凡て大八州国の内に、播殖して青山に成さずといふこと莫し。所以に、五十猛命を称けて、有功の神とす。即ち紀伊国に所坐す大神是なり。
>
> （坂本ほか　一九九四）

イタケルは、記紀のなかでヤマタノオロチを退

表６－３　和歌山県の式内社とその災害リスク

No	神社名	所在地	津波	河川氾濫	土砂災害
64	潮崎本之宮神社	東牟婁郡串本町串本1517番地	×		
95	熊野速玉大社	新宮市新宮１番地			
121	熊野本宮大社	田辺市本宮町本宮1110番地			
191	須佐神社	有田市千田1641番地			×
197	朝椋神社	和歌山市鷺ノ森明神丁22番地		×	
198	伊久比売神社	和歌山市市小路330番地		×	
200	伊太郎曽神社	和歌山市伊太祈曽558番地			
201	伊達神社	和歌山市園部1580番地			
211	大屋都姫神社	和歌山市宇田森59番地		×	
216	竈山神社	和歌山市和田438番地		×	
221	刺田比古神社	和歌山市片岡町２丁目９番地			
224	志磨神社	和歌山市中之島677番地		×	
231	高積神社	和歌山市禰宜1557番地			
236	都麻津姫神社	和歌山市吉礼911番地			
237	都麻都姫神社	和歌山市平尾字若林957番地			
240	名草神社	和歌山市冬野宮垣内2107番地			×
241	鳴神社	和歌山市鳴神1089番地		×	
255	山口神社	和歌山市谷377番地			
256	力侍神社	和歌山市川辺字稲井61番地		×	
260	日前神宮・國懸神宮	和歌山市秋月365		×	
276	丹生都比賣神社	伊都郡かつらぎ町上天野230番地			×
289	荒田神社	岩出市大字森237番地			
302	海神社	紀の川市神領272番地			
348	小田神社	伊都郡高野口町小田76番地			

出所：筆者作成。

表6－4　イタケル系神社の災害リスク

No	神社名	所在地	津波	河川氾濫	土砂災害
70	雷公神社	東牟婁郡串本町樫野1037番地			
192	立神社	有田市野700番地		×	×
200	伊太祁曽神社	和歌山市伊太祈曽558番地			
201	伊達神社	和歌山市園部1580番地			
211	大屋都姫神社	和歌山市宇田森59番地		×	
231	高積神社	和歌山市禰宜1557番地			
236	都麻津姫神社	和歌山市吉礼911番地			
237	都麻都姫神社	和歌山市平尾字若林957番地			

出所：筆者作成。

治した神として知られるスサノオノミコトの息子である。日本書紀のある書では、スサノオとともに新羅に渡り、帰国した際に天上から将来した樹種を、妹神のオオヤツヒメノミコト、ツマツヒメノミコトとともに日本の全土に播き、その後、紀伊に鎮座したと記されている。この日本書紀の記述からもわかるように、イタケルは日本の国土に多くの木の種をまき、山林をつくったことから、植林・林業の神として厚い信仰を集める神であり、古くから木材の産地であった紀伊国に深く関わる神である。

イタケルおよびオオヤツヒメ、ツマツヒメを「イタケル系神社」として、その災害リスクを表6－4に示す。いずれの神社も津波による被害は免れる結果となっている。また土砂災害に対しても、「立神社」のみが災害危険区域内に位置している。前述したように、イタケルは植林や材木に深く関わる神であるため、祀られる場所も、海岸沿いの低地などではなく、山間部や丘陵地に鎮座するケースが多い。そのため、津波の災害リスクが低くなっていると考えられる。興味深いのは、土砂災害に対しても比較的安全な立地特性を有している点である。

また、和歌山県で信仰上の重要な意味をもつのは熊野信仰である。熊野信仰は、熊野速玉大社、熊野本宮大社、熊野那智大社の熊野三山を総本社としており、この三山を参詣する熊野詣が、古くから貴

表6－5　熊野系神社の災害リスク

No	神社名	所在地	津波	河川氾濫	土砂災害
18	熊野神社	日高郡印南町大字美里1553番地			×
91	阿須賀神社	新宮市阿須賀１丁目２-25			×
95	熊野速玉大社	新宮市新宮１番地			
120	熊野神社（高原）	田辺市中辺路町高原1120番地			×
121	熊野本宮大社	田辺市本宮町本宮1110番地			
146	熊野三所大神社	東牟婁郡那智勝浦町浜ノ宮350番地	×		×
147	熊野那智大社	東牟婁郡那智勝浦町那智山１番地			
176	熊野三所神社	西牟婁郡白浜町744番地			
177	熊野十二神社	西牟婁郡白浜町鹿野1248番地			
178	熊野神社	西牟婁郡白浜町才野1757番地			
219	熊野神社	和歌山市寺内464番地			
244	西熊野神社	和歌山市西478番地			
314	熊野神社	紀の川中津川315番地			×
334	熊野神社	海草郡紀美野町田22番地			×

出所：筆者作成。

族や民衆のなかで行われてきた。熊野三山に祀られる神は「熊野権現」と呼ばれる。熊野権現を祀る神社は、和歌山に限らず全国に多くある。「三山」と称するように、熊野系神社は山地や丘陵地、あるいは海岸や河川沿いの段丘上に鎮座していることが多い。

表６－５の熊野系神社の結果をみてみると、「熊野三所大神社」を除いて、すべてが津波および河川氾濫の被害を免れる結果となっている。一方で土砂災害については、全一四社のうち、六社が危険区域に位置する結果となった。熊野神社は、「三山」の信仰という背景から、神社を建立する際には高地を選定したと想定できる。そのため、津波や河川氾濫といった低地に襲来する水害リスクに対しては強い一方で、土砂災害についてはリスク回避性が低くなると考えられる。

第５章で論じたように、神社が建立される契機はさまざまである。そのなかでいえることは、人びとが暮らすうえでのリスクへの懸念が、地形や景観などの環境条件、その土地で発生した人為的・自然的出来事、さらに為政者や権力者の意志などと関連づけられる形で神社空間が形成されるということである。したがって、神社の立地特性と、そこに祀られる祭神あるいは神社の系統は、完全に無関係であるとは言えない。重要なのは、なぜその場所にその神が祀られるようになったのか、さらに過去に発生したさまざまな自然災害をどのような形で乗り越えて現在に神社空間が残存しているのかという視点をもつことである。そのような視点をもつことで、地域の神社に祀られる神々の性格が、その土地の災害リスクのポテンシャルをわたしたちに提示することもある。

4　防災計画において神社空間に着目することの意義

本章では、高知県、徳島県および和歌山県において、神社空間の自然災害リスクについて検討してきた。その結果、神社と自然災害リスクの関係について、次のような知見を見出すことができる。それは、⑴高知県、徳島県および和歌山県の式内社は、そのほとんどが南海トラフ巨大地震の津波リスクに対して安全性を担保しうること、⑵和歌山県の神社は、津波や河川氾濫といった水害に対して九割以上が安全性を担保しうること、の二点である。この結果をわたしたちはどのように捉えることができるだろうか。現在における地域防災の取り組みで神社空間の災害リスクポテンシャルをふまえた実践のあり方についていくつか提案しておきたい。

一つ目は、今後の津波被害の予測における一つの指標として、「津波リスクの境界装置」として式内社を位置づけることである。今後、大規模地震による津波災害が予測される地域において、沿岸部の式内社の配置を検討することで、空間の履歴からその被害領域を概略的に予測するのである。式内社は古代から人びとの信仰の対象であり、ある場所に神を祀るという行為の背景には、その土地に暮らす人びとのインタレスト（関心・懸念）が存在する。また、国家からの幣帛を受けていたという点において、政治的にも重要な意味をもつ場であった。もともとは、そこに住む人びとの土着的信仰の場が広く人びとに認知され、やがて政治的行為の対象という性格を帯びていった。その過程でしばしば、大規模自然災害が発生していたことは十分に考えられる。したがって式内社が、大規模災害発生時にも安全性を担保し、政治的場としての機能を維持するように鎮座地が選定されていたとも理解できる。

二つ目は、地域空間の履歴を掘り起こす際の重要な社会装置として神社を位置づけることである。和歌山県では、九割以上の神社が水害に対して安全性を有していた。地域防災の実践のなかでまず取り組むべきは、地域の神社の詳細な立地特性をそこに住む人びとが把握するとともに、神社の由緒に着目し、過去に神社を建立する際にどのように立地が選定されてきたのか、さらにその背景に人びとのどのような関心・懸念があったのかを考察することである。そのプロセスが、地域の微細な地理的条件とコミュニティの来歴、さらに潜在的リスクに人びとが目を向ける契機となる。

さらに神社空間のなかに過去の災害の履歴そのものが刻まれていることも見逃してはならない。そのような災害の履歴は、たとえば石碑や具体的な事象の説明として伝わるだけでなく、神話や伝承のなかに込められている場合もある。現在に把握しうる災害リスクの情報と、地域に伝わるさまざまな伝承や物語を関連付けて考えることで、地域防災に有用な新たな知見が見出される可能性もある。長く日本の国土に鎮座してきた神社空間には、さまざまな形でその間に発生した自然的社会的事象の痕跡が刻まれているのである。

第7章　神社空間を軸とした防災コミュニティの構築

1　地域神社の持続可能性に関する諸課題

日本の国土に長く鎮座してきた神社空間は、その間、さまざまな自然災害に遭遇しながらも現在にその姿をとどめている。このことから神社の立地は、災害リスクに対して安全性の高い特性を有するケースが多い。すべての神社が安全なわけではないにしろ、少なくとも避難計画や防災計画を立てようとする場合に、その土地の神社の立地特性を検討し、安全性が確認されれば、緊急避難場所あるいは避難所として活用できる可能性がある。

避難所としての神社の活用については、二〇一八年に発生した西日本豪雨（平成三〇年七月豪雨）で被災した岡山県倉敷市の真備地区の事例がある。小田川沿いの河岸段丘上に鎮座する熊野神社を地域住民が自主避難所としてまさに登録しようとしていた時に豪雨が発生し、一時は二〇〇人もの住民が境内で避難生活を送った。

一方で、神社は学校や公民館などとは異なり、一つの宗教法人の土地であり、公的な防災計画のなかで行政の主導によって避難場所や避難所として位置づけていくことは容易ではない。指定緊急避難場所や避難所の選定は、災害対策基本法のなかで義務づけられる。指定緊急避難場所については、同法第四九条四に「災害が発生し、又は発生するおそれがある場合における円滑かつ迅速な避難のための立退きの確保を図るため、政令で定める基準に適合する施設又は場所を、洪水、津波その他の政令で定める異常な現象の種類ごとに、指定緊急避難場所として指定しなければならない」と明記されている。また同法第四九条七において避難所は、「避難のための立退きを行った居住者、滞在者その他の者を避難のために必要な間滞在させ、又は自ら居住の場所を確保することが困難な被災した住民その他の被災者を一時的に滞在させるための施設」と定義されており、市町村長は、災害が発生した場合における適切な避難所の確保を図るため、政令で定める基準に適合する公共施設その他の施設を指定避難所として指定しなければならないと示されている。これに基づき、各地域では市町村長がそれぞれ避難場所・避難所を指定し、地域に周知している。そのほとんどは、学校や公民館などの堅牢な建物の公共施設である。

神社は宗教法人の施設であり、仮に避難所として活用していこうとすれば、「自主避難所」として位置づけることになる。自主避難所として運営していくためには、災害の危険性が高まった場合に、開錠や受け入れ準備についても、市民が主体的に行う必要がある。神社の場合、管理する神職がその役割を担うことになる。しかし、一部の大規模な神社を除いて、地域神社は神職が常駐していないか、あるいはひとりの神職が複数の神社を管理しているケースが多い。したがって、実際に災害の危険性が高まったときに、神職だけが対応することには限界がある。

神職が常駐していない神社に関しては、建物や樹木の管理などは一般的に氏子総代が担う。しかし、神社における氏子制度そのものが成立しなくなっており、現状の氏子も各地で高齢化が問題となっている。すなわち、神社空間の立地の安全性が担保されたとしても、避難場所や避難所として活用していくためには、その管理をどのような主体が担うかという重要な課題が残るのである。

2　地域に開かれた神社マネジメント

本章では、自然災害に対しての安全性が確認された神社を、実際に地域の防災拠点として活用した取り組みを紹介しよう。その舞台となるのは、和歌山市の有功《いさお》地区に鎮座する伊達《いたて》神社（写真7-1）である。伊達神社は、続日本後紀に、承和一一年（八四四）に志摩神社、静火神社と共に正五位下を授かったと記録のある延喜式内社の名神大社である。主祭神は、和歌山の地に深く関わりのあるイタケルノミコトである。前章でも言及したように、イタケルは和歌山の土地に深く根ざした信仰の対象となる神である。記紀神話のなかでスサノオノミコトの御子神として語られており、スサノオとともに新羅の曾戸茂梨（そしもり）に住み、そこから多くの木の種を持ち帰り、日本の国土を緑豊かな環境にしたとされている。妹神のオオヤツヒメ、ツマツヒメと共に紀伊国にわたったイタケルは、今でも林業に関わる人びとの信仰を集めている。

和歌山市・伊達神社におけるコミュニティ活動

伊達神社は、苑部ノ連多ノ朝臣が紀の川北岸の領主となったことを契機に現在地に遷座し、苑部氏の氏神である神八井耳命《かむやいみみのみこと》（初代天皇神武天皇の御子）を併せ祀ったと伝わっている。安土桃山時代に戦乱により社殿が焼失したものの、寛文二年（一六六二）に再建された。その後、時代の変遷により神領を失ったものの、現在でも約五〇〇〇坪の神域を有している。

伊達神社は管理運営において次のような三つの課題を抱えている。一つめは、地域の少子高齢化・過疎化による氏子の減少である。先代の宮司が奉職していた一九九〇年代中頃は、氏子数が五〇〇余り、総代二〇名を数えた。しかし、現宮司が奉職するようになった二〇〇七年には、氏子数三〇〇ほど、総代一三名の状態であった。先代から現宮司が神職を引き継ぐまでの一九年間は、神主は常駐しておらず、隣の神社の宮司が兼務

写真７－１　伊達神社（和歌山市園部）

宮司として神社を管理してきた。地域の少子高齢化・過疎化が進んだことで、氏子崇敬者が大きく減少していった。

二つ目は、信仰の空洞化による氏神意識の希薄化である。古代より氏神を祀り、地域の人びとによって公共的な場として維持管理されてきた神社は、第二次世界大戦後の政教分離によって宗教法人施設の扱いとなった。教典がなく、人びとの地域への帰属意識とともに保たれてきた神社は、公的な実践の枠から外れることでその信仰が空洞化している。伊達神社鎮座の地域でも、「一宗教法人が勝手に営んでいる一宗教施設」という認識をもっている地域住民もいる。すなわち、古くから伊達神社が地域の氏神として地域を見守ってきたという意識が住民のなかで希薄化している。

最後は、広大な鎮守の森の維持管理である。伊達神社の周囲は、小学校や民家が並んでいる。そのようなロケーションのなかで、二〇一二年には大木の倒木による民家二軒の損壊事故が発生した。境内は孟宗竹や淡竹の繁茂もあり、倒木や枝折れのリスクと隣り合わせである。神社近隣住民や隣地小学校からは、しばしば樹木管理に関する苦情が出る。しかし伊達神社の鎮守の森は、古代から信仰の中心であるとともに、現在も多様な樹林の中に小動物（タヌキ、アナグマ、イタチ等）、野鳥や昆虫が生息し、ヒメボタルも確認される。伊達神社宮司の藪内佳順氏は、神社信仰の永続とともに、この自然豊かな鎮守の森を後世に残したいと模索している。そのなかで伊達神社は観光スポットとして多数の来訪者があるわけでもなく、社叢管理のための予算は乏しい。また前述したように総代のなり手も少なく高齢者が中心であるため、鎮守の森をいかにして維持管理していくかが課題となっている。

宮司の藪内氏は、前述したような神社管理における課題をふまえて、まずは地域住民が気軽に立ち寄れる神社運営を目指し、いくつかの活動を実践した。具体的には、子どもや若い世代が神社に親しみをもつきっかけづくりとして、節分祭、夏越大祓と茅の輪くぐり、七夕祭などの神社での祭事に加えて、学童の境内でのタケノコ掘り、婦人会による清掃奉仕、炊き出しイベントなどを展開した。なかでも炊き出しイベントは、二〇一八年二月を第一回目に、継続的に展開している。伊達神社に隣接する有功小学校の育友会ＯＢ有志とともに、社務所を開放して、子どもたちや氏子総代、参拝者にも炊き出しを提供した。

また二〇一八年五月より、社務所を自然災害発生時の緊急避難場所として活用するために、災害対応や避難生活のための備品や飲料水などの備蓄を開始した。そのきっかけとなったのは、氏子のなかに阪神・淡路大震災を経験した住民がいたことである。

このように、伊達神社においては、神社をコミュニティの活動の一つの拠点として活用することで、多様な人びとが神社に関わる契機を創出し、ひいては神社管理における諸課題の解決を図る方策を模索していた。

地域防災拠点としての可能性

藪内氏は二〇一七年、和歌山県神社庁和歌山支部の副支部長として、紀北四支部合同研修会のテーマを検討していた。その際に、筆者らが発表した研究成果を目にした。前章で示したように、和歌山県下の神社で被災を免れうるのは、津波については九割、河川氾濫についても九割、土砂災害についても六割以上というものだった。

そこで藪内氏は、合同研修会での講演を筆者に依頼した。二〇一七年八月に開催された研修会には神社の神職および氏子総代合わせて約六〇名が出席した。講演のなかでわたしは、和歌山県における神社の立地特性を示すとともに、数の面からも防災拠点として活用していくことの意義について指摘した。講演および意見交換を通じて、集まった神職はそれぞれの奉職する神社の立地特性を確認するとともに、地域防災における神社の役割の可能性を認識した。また参加した神職たちの多くは、神職・氏子総代の高齢化や社叢管理における資金とマンパワー不足など、前述した伊達神社と同様の神社管理上の課題を抱えていた。さらに、このままの状況が続けば、数十年先に神社管理が立ち行かなくなり、やがて荒廃してしまうという危機感を語る者もいた。そのうえで神職たちは、神社は古来、地域社会に深く根ざしながら多様な伝統文化を継承し、コミュニティの形成に貢献してきたという自負をもっており、神社空間を多数ある宗教施設の一つとして考えるのではなく、公的実践の場所あるいは社会インフラとして捉え直す必要があるという意見を述べた。

一方で政教分離という前提を覆し、ただちに神社の維持管理に公共の資金を投入するというのは現実的ではない。憲法改正や国民の合意に多くの議論と手続きを必要とするからである。重要なのは、神社空間が地域防災上で重要な役割を担いうるということをコミュニティのなかで共有しながら、いかにして地域主体による公的実践を展開していくかということである。

3　防災コミュニティ形成の契機としてのフィールドツアー

地域の空間的・社会的構造の把握と共有　和歌山県神社庁の合同研修会をきっかけとして、伊達神社をモデルケースとして、地域防災で神社空間を活用していく社会実験を展開していくこととなった。社会実験は、トヨタ財団の研究助成「南海トラフ巨大地震の防災・減災に向けた伝統的神社空間のもつ価値構造の再構築（通称：神社空間の価値再発見プロジェクト）」の枠組みのなかで展開した。このプロジェクトの根底にある問題意識は、(1)古くから鎮座する神社空間は災害の履歴への対応を含んでいる可能性があること、(2)日本の国土で長く人びとが維持してきた神社空間が現代社会においてその存在意義を失いつつあること、の二点である。そのうえで最終的な目標を、(1)防災・減災を一つの軸として神社をハブとした地域ネットワークのあり方を検討、(2)現代における神社の位置づけを再評価したうえで神社空間の新たな価値構造モデルを提案、(3)「無病息災」という日本の伝統的概念の現代的な意味づけ、の三つに定めた。

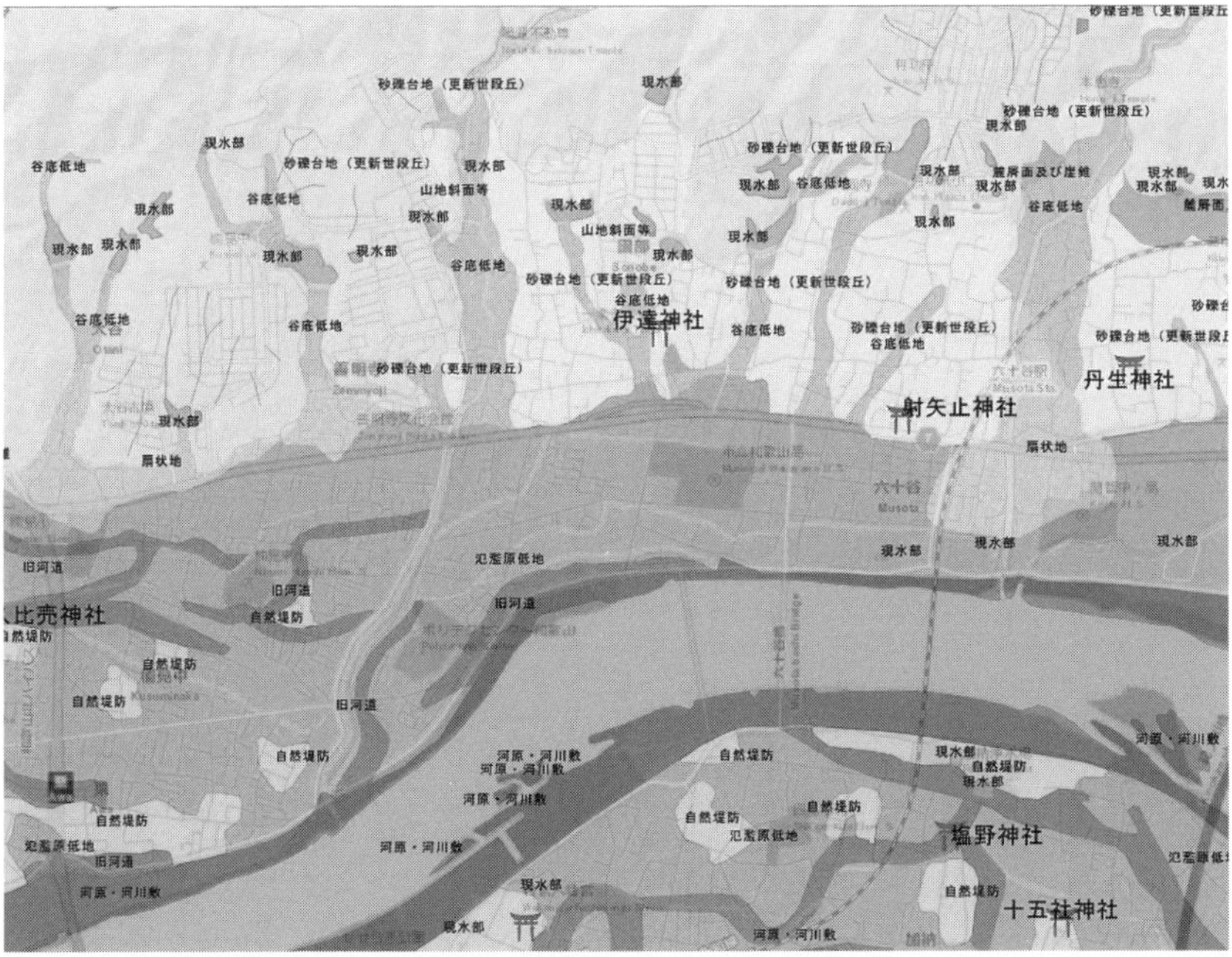

図7－1　伊達神社付近の地形

社会実験を行う前に、伊達神社の詳細な災害リスクを検討した。伊達神社が位置するのは、大阪府と和歌山県を隔てる和泉山脈の南麓に伸びた砂礫台地の先端丘陵上である。地形分類図をみると、伊達神社の参道は細長く伸びた尾根地形であり、その両側は谷底低地となっている（図7－1）。有功地区は紀ノ川下流の右岸側に位置し、浸水時には地域の大部分に甚大な被害が出る。しかし、その立地特性から伊達神社は、過去に水害が発生した際にも境内そのものが浸水することはなかった。また土砂災害や南海トラフ巨大地震による津波のリスクについても安全性を担保しうる立地となっている。

　このプロジェクトでは、たんに伊達神社を新たな避難所として追加するだけでなく、多くの地域神社が抱える維持管理上の課題をふまえながら、地域防災コミュニティの拠点として神社空間に多様な人びとが関わる契機を創出することを目指した。

防災コミュニティとしての神社空間形成の端緒として、伊達神社が鎮座する有功地区のさまざまな価値と課題について、現地を確認しながら話し合うための「有功地区ふるさと探検ツアー」を二〇一八年一二月および二〇一九年二月に開催した。第一回目には二五名、第二回目には二八名が参加した。

ふるさと探検ツアーは、哲学者である桑子敏雄が提唱する「ふるさと見分け」という方法を下地にしている（桑子 二〇〇八）。ふるさと見分けは、空間の価値構造を把握するための方法論であり、⑴空間の構造、⑵空間の履歴、⑶人びとの関心・懸念、の三つの要素を統合的に把握する。この考え方に基づき、有功地区ふるさと探検ツアーにおいても、伊達神社を中心に地区の地理的条件と災害履歴を含む地域の歴史的背景、さらにそのなかで暮らす人びとがどのように地域の価値や課題を認識しているかということを明らかにするために、フィールドワークおよびワークショップを行った。

ツアーには、神社空間の価値再発見プロジェクトのメンバーである多様な分野の専門家も参加した。参加したのは、水工学が専門である宇野宏司（神戸市立工業高等専門学校）、交通計画が専門である橋本成仁（岡山大学）、地質学が専門である西山賢一（徳島大学）、災害考古学が専門の瀬谷今日子（和歌山県立紀伊風土記の丘）、古文書学が専門の砂川佳子（和歌山県立文書館）の五名である。

第一回目のツアーでは、古くから有功地区に居住する神社の氏子総代が参加し、伊達神社周辺の地形やため池、過去の災害の経緯などを確認した。とくに参加者が注目したのが、伊達神社のすぐ背後を走る中央構造線の断層崖の位置である。伊達神社の北側には根来断層が走っている。実際に周辺を歩いてみると、二メートルから三メートル程度の高低差のある崖地形を確認することができる（写真7－2）。しかし住民の多くはその地形が断層の活動によって形成されているということを認識していなかった。参加したある地域住民によれば、有功地区にあるため池の多くはこの断層を利用してつくられているという。有功地区の住民は、南海トラフ巨大地震や紀ノ川の氾濫などの自然災害リスクは認識していたものの、中央構造線の活動による地震やため池堤

写真７－２　有功地区を横切る根来断層の崖

写真７－３　ふるさと探検の様子

体の崩壊を意識することはなかったと語った。和歌山市が配布するハザードマップのなかで「重要ため池」の情報が明示されているものの、すべてが危険なため池として位置づけられているわけではない。そのため、地域のなかで適切に危険なため池を把握し、周知することも重要な課題とした。

第二回目のツアーでは、氏子総代だけでなく有功地区の新興住宅地の住民も参加した（写真7－3）。ツアーのなかでは、二〇一八年の西日本豪雨災害を受けて、水害に関する危険個所などを確認した。一つは、有功地区の西側の境界部分を流れる鳴滝《なるたき》川である。この川は天井川であり、豪雨時には急激に水位が増し、過去には氾濫した経緯もある。また上流側の斜面崩壊や土石流の危険性も指摘されている。フィールドワークのなかで交通計画が専門の橋本は、地域内を流れる水路に柵やガードレールが設置されていない点を指摘した。河川そのものの氾濫以外に、水路の水が溢れ道路に流れ出た場合に、柵などがなければ水路の位置がわからなくなり転落する危険性が高くなる。

他に地域の史跡として参加者が注目したのが鳴滝不動尊である。鳴滝川沿いの集落と山との境界部に位置するこの場所には不動明王のお堂があり、一つの聖域として独特の景観を形成している。一九六〇年代までは、夏になると地域の子どもたちがこの水辺で遊ぶ光景がみられたという。また有功地区の北の境界は和泉山脈の山麓斜面にあたり、そこから紀ノ川を見下ろす眺望が開けている（写真7－4）。ふるさと探検ツアーでは、防災上の課題だけでなく、住民でも普段歩くことのないコースから、さまざまな史跡や眺望点などを確認し、その価値を共有した。

神社を拠点とした市民プロジェクトの企画

第二回のツアーの後には、有功地区の防災と地域づくりについてのワークショップを実施した。そのなかで参加者は次のような意見を述べた。

まず地域防災については、行政機関が配布するハザードマップに載らないような局所的な災害リスク情報が重要だという意見である。第二回のツアーで共有したように、有功地区内にはガードレールや柵のついていない水路が多くある。実際に台風や豪雨時に避難する際には、河川氾濫や土砂災害そのもののリスクに加えて、移動時の水路への転落などに十分に注意しなければならない。また、地域内に多くあるため池がもたらす被害も有功地区の地域防災においては重要な検討項目である。ため池のすぐ下流側には多くの住宅が並んでいる。地域住民は、ため池が適切に管理されず、リスクが高まっていることについて危惧していた。堤体自体が崩壊しなくても、山側の土砂崩れや土石流がため池に流れ込むことによって被害が出る可能性もある。

地域づくりに関する意見としては、⑴住民間の交流、⑵住民の移動と健康、の二点が論点となった。交流については、有功地区には古くからの集

写真7－4　紀ノ川に開けた眺望

落だけでなく、山側や紀ノ川沿いに新興住宅地が形成されている。ワークショップで新しい住宅地の住民は、古くからの住民と新住民との間にほとんど交流がないことが地域の一つの課題であると述べた。他地域からの移住者や比較的若い世代は新しい住宅地に住む一方で、古くからの集落は少子高齢化が顕著である。新旧住民の交流を実現することは、たとえば、担い手不足が問題となっている地域活動を活性化させたり、災害時の共助へとつながっていく。また、若者や子どもが地域の高齢者と交流することで地域の来歴を知り、地元への愛着を醸成するのではないかという意見も出た。しかし有功地区では地域のイベントやお祭りが少なく、世代間の交流がほとんど図られていない。

また、ある参加者は住民の移動と健康について、有功地区の住民の主な移動手段は車かバイクであることを問題視した。地域内を歩く機会が少ないため、地域内の地形を実感することがほとんどなく、豪雨時や河川氾濫が発生した際にどこに水が流れていくのかということをほとんど意識しないという。その意見者は、地域内を歩く機会をつくりだすことで住民が災害へ意識を向けるとともに、ウォーキングの効果により健康増進にもつながるのではないかと提案した。

ワークショップの成果として、ふるさと探検ツアーの成果をもとに、地域内を歩くことで具体的な災害リスクと地域の多様な価値を共有しつつ、新旧住民や世代間の交流を促進するプロジェクトを進めていくという提案で合意した。具体的には、災害リスクと神社を中心とした郷土史、名所などを組み込んだマップづくりを有功地区の多様な住民の協働により製作するプロジェクトを展開することとなった。

表７－１　マップづくりプロジェクトの活動一覧

実施日	参加人数(名)	議論内容
2019年６月27日木曜日	７名	マップのコンセプトとデザインについて
2019年８月１日木曜日	９名	地域内の危険個所の確認 デザイナーの選定
2019年９月15日日曜日	９名	マップの配布方法 マップに組み込むコンテンツの確認
2019年10月24日木曜日	12名	有功地区のため池確認
2019年11月15日金曜日	12名	史跡配置、コース選定
2019年12月12日木曜日	５名	山側コース確認

4　地域防災における「無病息災」の意義

新たな地域主体形成を見通したプロジェクト体制

具体的なプロジェクトとしてマップづくりを展開することとなったのは、(1)ふるさと探検ツアーに参加した人びとですぐに始められる、(2)目に見える成果物をつくりだせる、(3)多様な人びととへの波及効果が見込める、という三つの理由からである。伊達神社を核とした防災コミュニティの形成に向けては、たとえば大規模な交流イベントなどを実施することによってより多くの人びとが神社を訪れるきっかけをつくることができる。一方でイベント客としての関わり方がすぐに神社管理や地域防災活動の担い手を生み出すというわけではない。それよりも、少人数かつ多様な属性のメンバーが緊密に連携・協働しながら、マップを製作するプロセスを通じて神社空間に関わる新たな主体を形成していくことを目指したのである。

二〇一九年二月の第二回ふるさと探検ツアーでの議論を受けて、二〇一九年六月より有功地区マップづくりプロジェクトを始動した。表７－１に活動の概要を示す。このプロジェクトは、伊達神社宮司、伊達神社の氏子、伊達神社に隣接する有功小学校・育友会ＯＢ有志による協働プロジェクトである。重要なのは、伊達神社をコアとしながら、地域を多様な視点からみることのできるメンバー構成となっている点である。その背景は、伊達神社宮司である藪内氏が多様な住民とコミュニケーションを図り、つなぎの役割を果たしているという点があげられる。またトヨタ財団の研究プロジェクトの展開によって学識経験者が有功地区に関わったことで、防災や地域づくりに関する専門的知見を得たいという地域住民のニーズも参加の一つのモチベーションとなっている。

複合的な価値と情報を含んだハザードマップのデザイン

マップづくりプロジェクトのキックオフとなった二〇一九年六月のミーティングでは、主にマップのコンセプト、およびマップのデザインの二点について意見交換を行った。ミーティングを通して、マップのコンセプトを「多様な人びとが多様な用途で活用できる地図」とした。またデザインについては、絵地図による表現で有功地区の個性を認識しやすくすることとした。

まずマップのコンセプトについては、ふるさと探検ツアーのワークショップで、たんなるハザードマップではなく、地域で散歩を楽しめるようなマップにしたほうがよいという意見があった。そこで、災害情報だけでなく地域の魅力や価値など多様な情報を組み込んだ地図とすることで、楽しみながらハザード情報を認識できるようなしかけを目指した。さらに昔から有功地区に住んでいる住民、移住してきた人、訪問者、子どもなど多様な立場、世代の人びとが有効に使えるようなコンセプトの地図を検討していくこととなった。

一方で、多様な情報を組み込めばマップとして見づらいものとなってしまう。そこでマップの表現方法としては、地域の地形と建物などの最低限の要素をベースマップで表現し、その他の情報についてはマップの使用者が個々にカスタマイズできる形にしていくこととなった。具体的には、ベースマップの上に、その他の情報が書き込まれた透明のフィルムを重ねていくことで、それぞれが関心のある情報が地域の地図にプロットされていくような方法である。

二〇一九年八月のミーティングでは、マップのデザインについて議論を行った。プロジェクトメンバーが共有したのは、地域の住民以外にも、多様な人びとが手に取りたくなるような魅力的なデザインにするという考

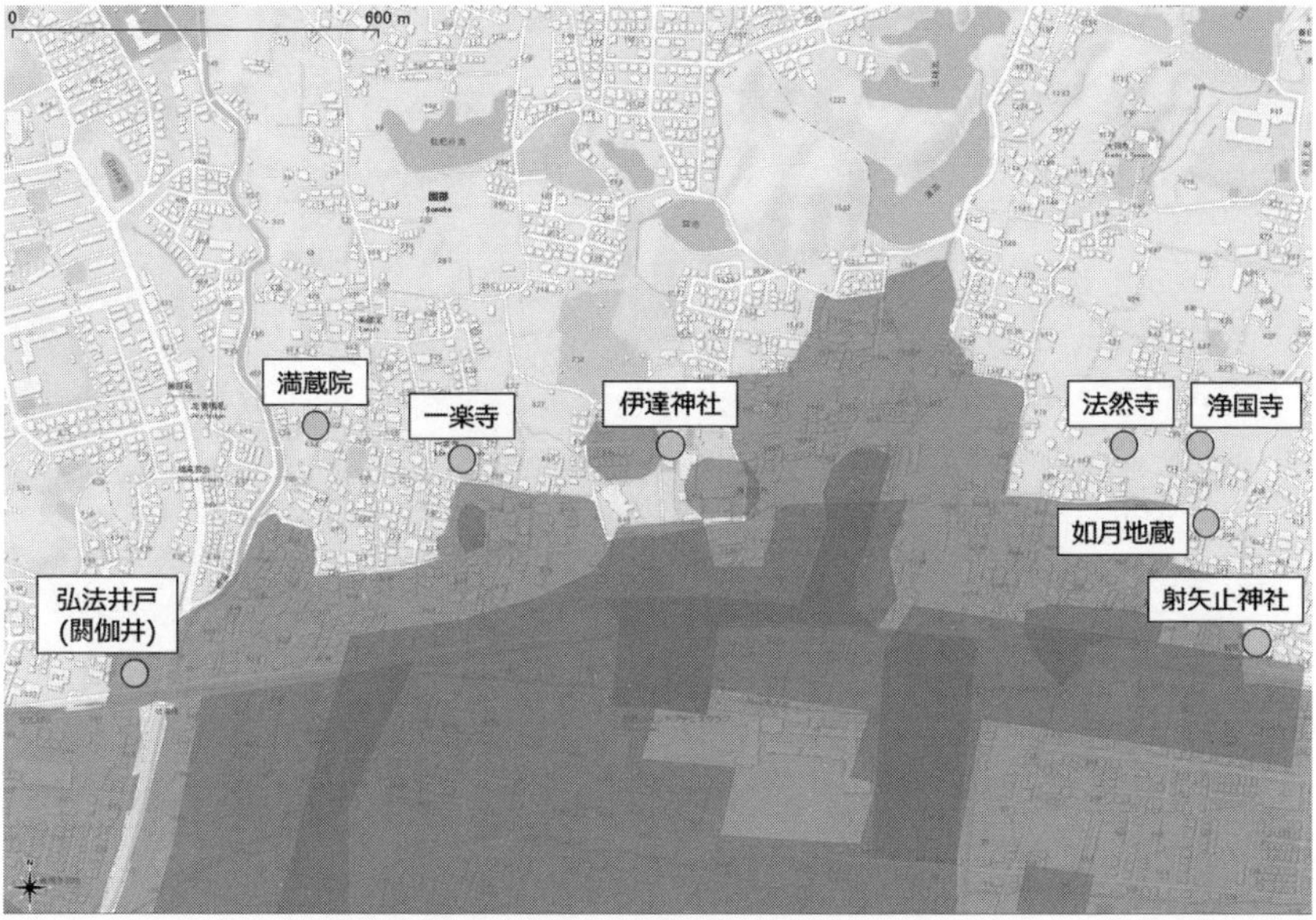

図７－２　伊達神社付近の史跡と浸水想定域

え方である。市などが配布しているハザードマップは、位置関係について正確な情報を得ることができる一方で、平面地図がベースであるため、地図を見慣れていない人にとっては地域の地形を認識しづらい。そこで鳥瞰による絵地図として微細な地形を表現しながら、伊達神社などクローズアップしたいスポットを強調できるデザインを決定した。デザイナーは、紀伊半島を中心に活動する絵地図作家の植野めぐみ氏に依頼することとなった。

防災・健康・楽しみを統合する神社での実践

マップのコンセプトとデザイン方針について決定した後に、伊達神社を核とした地域活動のなかでマップをどのように活用できるかということを議論した。

ふるさと探検ツアーの話し合いのなかで共有したのは、「地域住民のなかで災害リスクのポテンシャルが共有されていない」、「高齢者の健康状態によって災害時に避難が容易ではない」、「新旧の住民および世代間の交流の機会が少ない」といった課題である。一方で地域の魅力としては「古墳や史跡などが多く歴史がある」、「紀ノ川を見下ろす景観が素晴らし

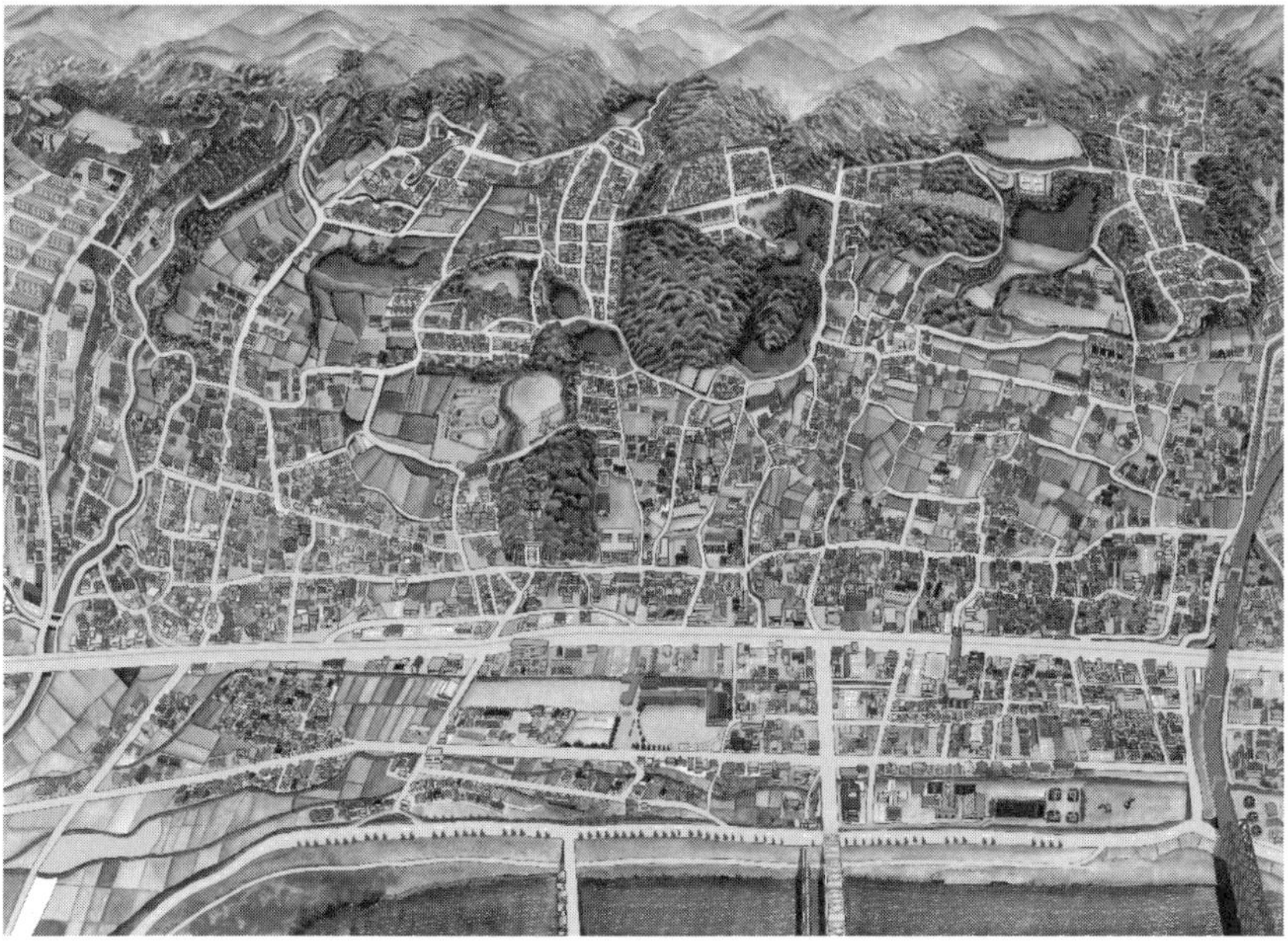

図7-3　完成した絵地図（ベースマップ）

い」という意見もあった。そこで「地域の人びとが地域内を歩く契機を創出する」ということをマップの第一の意義として位置づけることとなった。

マップづくりのプロジェクトミーティングを重ねるなかで、有功地区の神社・寺院やお堂などの配置が、河川氾濫時の浸水想定区域の境界上に位置することがわかった（図7-2）。また、土石流や斜面崩壊のリスクが高いスポットは、紀ノ川への眺望が開けている場所である。そこで、それらの史跡・名所や眺望点を結ぶウォーキングコースを設定し、そこを歩くことが自動的に地域のリスクの高いエリアを認識する契機となるようにした。名所巡りにより地域の歴史的文化的背景を知るとともに、地域のランドスケープを体感しながら歩くことで健康を増進しながらも、リスクポテンシャルの高いエリアを同時に把握するという複合的な価値を組み込んだマップを目指したのである。

二〇二〇年三月に図7-3に示すような絵地図が完成した。紀ノ川と和泉山脈に挟まれた有功地

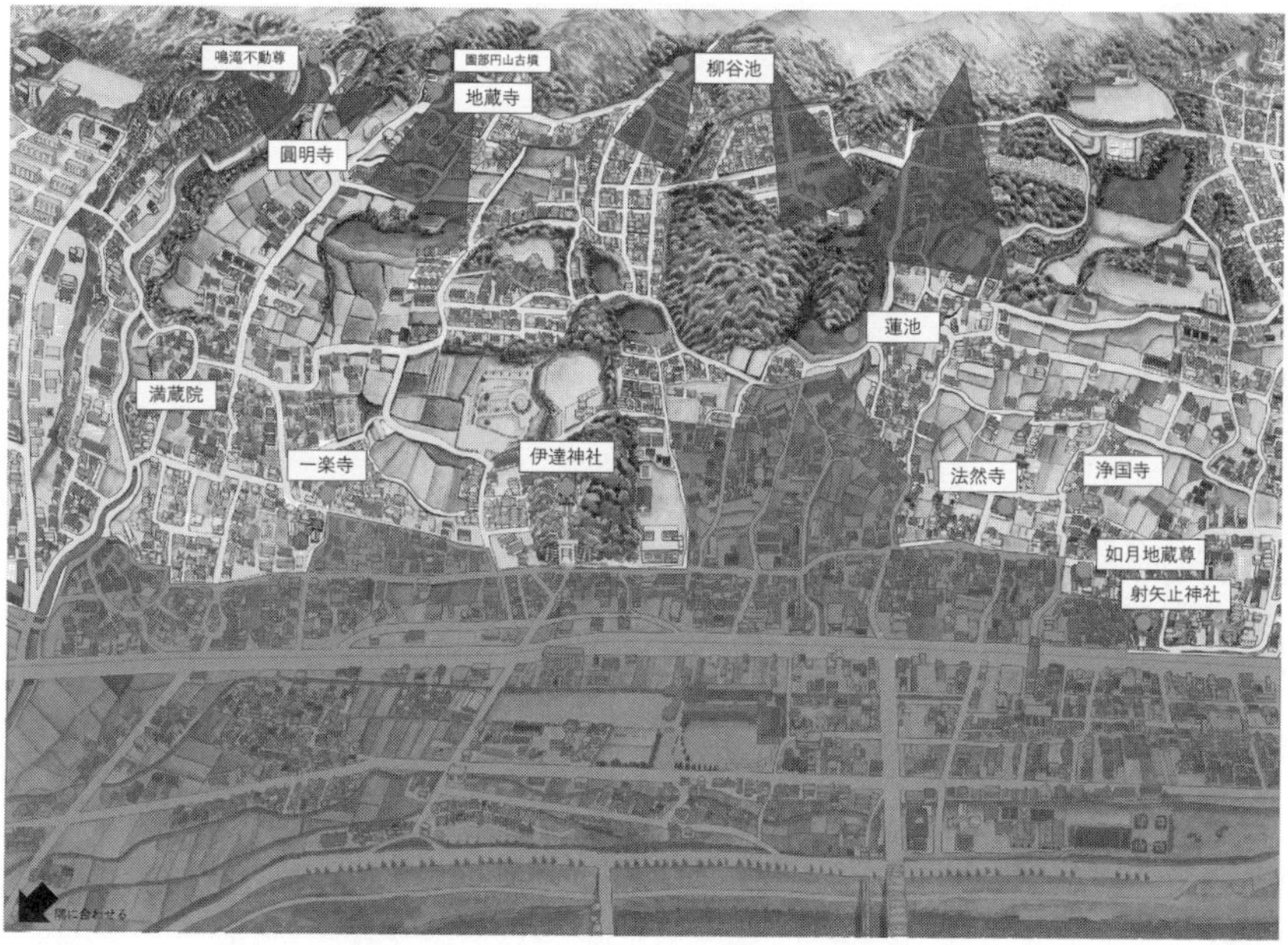

図７－４　付属のシートを重ね合わせたマップ

区全体が俯瞰的に描かれており、その中心部にはうっそうとした伊達神社の社叢が位置している。また山側の斜面やため池、集落内の一軒一軒の住宅が明瞭に描かれている。この全体図はベースマップであり、浸水想定区域、斜面崩壊の危険個所、緊急避難場所と避難所、史跡名所、ウォーキングルートなどの情報は、付属するフィルムシートにプロットされ、それらを重ね合わせることで多様な情報をみることができる（図７－４）。さらにこのマップはたんなる地図としてではなく、書類などを入れるクリアホルダーとなっている。マップづくりプロジェクトのメンバーが述べるには、たんなる紙の地図だと一度見ると多くの住民が廃棄してしまうということである。そこで、日常的に別の用途として使用しながら、地図としても活用できるクリアホルダーとすることになった。

以上のように、災害情報と避難経路、住民の健康増進と交流、さらに地域の空間の履歴を統合的に捉えたマップは、人びとが自身の暮らす地域の特性を理解し、健康に暮らしながら、災害時に適切に行動するための下地を形成することに貢献する。伊達神社をコアとしたこのようなマップを「無病息災マップ」と名付けた。神社において実施する夏越の大祓などの祭事はまさに、無病息災を祈願するものであり、健康で安全に暮らすことそのものが一つの幸福の形であるという考えに基づいている。無病息災マップは、そのような伝統的な日本の幸福概念を防災コミュニティの形成という現代的課題に基づいて具体化したツールであるといえる。

この伊達神社における実践を振り返ると、少なくとも次の三種類の主体の存在が重要な鍵を握っていた。すなわち(1)つなぎ役としての神社関係者の存在、(2)防災に関する科学的根拠とそれを翻訳する専門家の存在、(3)地域課題に対して意識をもちながら実践を志向している地域住民の存在、である。

まず(1)については、伊達神社では宮司である藪内氏がこの役割を担った。神社によれば常駐の神職が不在の場合もある。その場合、神社管理を担う氏子総代の存在が重要となる。

次に(2)については、一般的な自然災害や防災の知識だけでなく、地域の実情をふまえながら具体的なアドバイスを行える専門家が求められる。伊達神社ではトヨタ財団のプロジェクトに参加する大学の研究者が関わった。実際には研究者だけでなく、各自治体の防災関連部署と連携することで、その地域の防災上の留意点を知ることができる。そのうえで、神社の立地の安全性や活用の可能性を考えていく。

最も重要なのが(3)の地域住民の掘り起こしである。防災というテーマに関心をもっているレベルと、実際に行動に移すというレベルには大きな差がある。したがって、実践を展開するうえでは相応のモチベーションが求められる。重要なのは、防災に限定せずに、地域で共有されている課題あるいはすでに地域で実践されているなんらかの活動と、神社を核とした防災活動の接続点を見出す視点である。そうすることで、あらかじめ住民のモチベーションを担保したうえで神社空間の新たな実践を展開する可能性が広がる。伊達神社では、防災プロジェクトが立ち上がる前から、地域の子どもや婦人会の活動の場を提供していた。また、ふるさと探検ツアーでは、住民間交流や高齢者の健康問題が関心事としてあがった。そのようなニーズと防災の問題を、マップづくりという作業のなかで接続していったのである。

5　神社を核とした防災コミュニティ形成のスタートアップガイド

本章の結びとして、神社空間を拠点として防災コミュニティを形成するためのスタートアップガイドを示しておこう。伊達神社での事例のようにあらかじめ神社関係者が参加していなくても、次のような手順をふまえることで、誰もがいつでも、神社空間を活用した地域防災の実践を展開することができる。

最初の手順は、地域のハザードマップに神社の場所を書き込むことである。ハザードマップは、各自治体が配布・公開している。既存のハザードマップのなかに、大きな神社だけでなく、小さな神社や祠なども書き込んでいく。そのうえで、洪水や津波、土砂災害の災害リスクの高い場所とどのような位置関係にあるかを把握する。

次に、神社の位置をプロットしたハザードマップをもって、実際に神社を訪れる。その時、参道や拝殿・本殿などのわかりやすい場所だけでなく、本殿の裏や摂社・末社など神社の境内や周辺を歩き観察する。重要なポイントは、神社の境内がまわりの土地と比べてどのような高さ関係にあるかということである。参道が階段になっている場合は明らかに周りの土地と比べて高い位置にあるということである。それ以外に微高地の上に鎮座していることもある。そこで、神社に行くまでの道の微妙な傾斜に着目する。

神社を訪れて十分に観察した後は、神社の創建年や祭神、また遷座や合祀の来歴を調べる。境内に由緒が掲示されている場合はそれを記録する。なければ、各地域の神社庁ホームページなどで情報が得られる場合もある。神社に祀られる祭神がわかれば、古事記、日本書紀、風土記などの古典での登場シーンからその神徳や性格を推察する。また、地域の図書館で郷土史（都道府県史、市史、町史、村史など）を調べると、神社の来歴や災害の記録が記されていることもある。

地名も、災害リスクに関連する重要な情報を提供する。ハザード情報や神社の立地を確認しながら、周辺の地名の由来を調べる。現在残されている地名だけでなく、郷土史などからかつての字名がわかればなおよい。また字名は、たとえば自治会の名称、あるいは電柱の管理用プレートに残っていることがある。川の近くや水の多い場所には田や谷、江などの字名がついていることが多い。また尾や平などの字名は、丘陵や台地状の地形にみられる。注意しなければならないのは、地名の漢字は、後の時代に当て字でつけられているケースが多々あるということである。そのため、地名は「音」が重要になる。『角川日本地名大辞典』（角川書店）や『日本歴史地名大系』（平凡社）などを参照すれば、地名の由来が明らかになることもある。

地域のハザード情報と神社に関するさまざまな情報を調べたら、そのことを他者と共有する。あるいは、情報を収集する段階から、複数人のチームで実施することがより望ましい。フィールドワークを複数人で実施すれば、そのぶんだけ地域を眺める視点が多様になり、地域環境の違った側面がみえてくる。伊達神社でマップづくりを実践したように、具体的なアウトプットを定めてメンバーでプロジェクトに取り組むのもよい。大きな成果物をつくる必要はなく、最初はできること、メンバーの実施したいことを中心にプロジェクトを構想すると、活動が継続しやすくなる。

以上のような活動を展開する時、神社の来歴や祭神の性格、その他の地域の歴史・文化に関しては、必ずしも歴史学的、科学的な根拠や裏付けをもつ必要はない。重要なのは、目の前の地域の環境にそれぞれが深いまなざしを向けることである。したがって、想像力、あるいは妄想力を働かせながら、「わたしはこう思う」と自由に地域の物語を語ることがポイントとなる。そうすればおのずと、災害リスクポテンシャルだけでなく、地域のさまざまな価値や課題を統合的にみる視点をもつことができるようになる。

日常の風景は季節や天気、時間によって変化する。また自分の知識や考えが変われば、みえる風景も変化する。したがって、何度も繰り返し歩くことが重要である。回数を重ねるたびに、あるいは異なるメンバーで歩くたびに、地域のなかに新しい発見があり、また新しい物語がみえてくる。神社という場所は、自分たちの暮らす地域の空間に刻まれたさまざまな物語の入り口となるのである。

終章　みえないリスクへそなえるために

災害リスクへの感性を磨く

妖怪や神を語ることは、手に触れられるものや実際に発生した出来事のように、事実として捉えられる事象を正確に記述することとは異なる。しかし、人びとがある場所の自然災害リスクを認識し、将来にそのリスクが顕在化する事態を想定するうえでは、必ずしも正確に記述された事実ばかりが有効であるとも限らない。むしろ、日本の国土の長い歴史のなかで発生した大小さまざまな自然災害について、客観的事実として記述された文書や語りよりも、妖怪・怪異譚や神話、神社の由緒などの物語が実に豊富であることを本書でみてきた。妖怪伝承や神話のように、場所に根ざした物語を通じて人間は、自身が生きる時間と地域のみならず、過去や他の土地において生じた膨大な事象のなかからある部分を選択し、解釈し、自身の関心領域と関連づける形で記憶にとどめる。日本の国土のなかで語られてきた神や妖怪は、人びとの特定の場所への意識に引力を作用させる。野家啓一は、「〈真〉とはもっぱら〈実〉の側に就くものではなく、むしろ〈実〉と〈虚〉との間に存するものと言うべき」と論じている（野家 二〇〇五）。

神話や妖怪伝承のように、虚実が明らかになっていない物語を語りながら多様なリスクを認識し、伝達している時、人びとはそこでどのような能力を働かせているのだろうか。神や妖怪を目にみえる存在として捉えてはいないものの、それらを語るなかで人びとがある環境に神聖さや不気味さを感じ、またその感覚が一定の集団で共有され、人びとの行動を制限している例が多くある。理性的には「神や妖怪は存在していない」と考える人でも、注連縄が巻かれた巨木や、怪談の舞台になっている場所に対して、畏怖や恐怖の感情を抱く。この時、神や妖怪といった超自然的存在は、わたしたち人間の「感性」に深く関わると言えるだろう。「感性」とは、「身体的自己とその環境との相関に対する把握能力」である（桑子 二〇〇一）。すなわち感性は、身体をもつ存在としての人間が環境と関わりながら生きていくうえでの本質的な能力なのである。わたしたち人間は、感性によって環境のあり方を感知し、さらにその変化に対応していく。感性は、複雑な事象を要素に分解して、理性的に理解するのではなく、複雑な事象を複雑なまま総体として捉える時に必要となる能力である。この点において、神や妖怪を知的資源として活用した地域防災の実践は、人びとの感性に基づく取り組みであると言える。

本書での議論を通して主張したいことは、地域での防災の取り組みを推進するにあたり、科学的な知見に基づく方策だけでなく、神や妖怪を語ることによる「感性」を通じたアプローチを展開していくことの有用性である。さらに言えば、災害リスクに対しての感性を磨くプロセスをいかにして充実させていくかという問題意識を提起したい。そのためには、とくに防災教育のプログラムにおいて、科学的な知見に加えて、歴史や物語、民俗などの知をふまえたアプローチの充実が必要となってくるだろう。さらに、文学作品や絵画、映像、演劇などのアートの分野の役割も大きい。感性的アプローチとは、「感覚的」「感情的」に環境を把握することとは異なる。感性は、身体的自己と他者を含む環境との相関を把握する能力であることから、人びとの身体性に即しながら、空間を共有し、さまざまな表現を用いて他者とのコミュニケーションを実施することも不可欠である。つまり、感性的な地域防災のアプローチには、工夫の凝らされた対話と協働の機会が必要となる。

リスクを気にかける

防災・減災の取り組みで重要なのは、科学的な知見による現象の説明だけでなく、いかにして地域社会のなかで災害リスクに対する意識を保持していくかということである。自然災害を体験したことのない子どもや、災害発生から時間が経過し記憶が薄れた人びとにとっては、防災の取り組みに対するモチベーションを保つことは難しい。本書で示したように神や妖怪、それらに関連するさまざまな伝承は、リスクについての人びとの懸念を後世に引き継いでいくための一つの社会装置としても捉えられる。神や妖怪を知的資源として活用する地域防災の枠組みは、科学的な知見を与えるのではなく、人びとが災害リスクの捉え方、対処方法、さらにそのリスクの他者への伝達方法などを自身と環境との関係のなかで考える機会となることから、風土性と感性に基づいた学びのプロセスである。

自然災害などのリスクが顕在化しているということは、自身がすでにそのリスクに曝されている状態である。具体的なリスク事象を認識したときにはすでに手遅れという場合もある。一方で当然ながら、平常時の風景のなかにはリスク事象そのものは現れていない。大切なのは、日常の風景のなかの潜在的なリスクを「気にかける」ということである。「かける」という言葉は、「引っかける」のように何かを吊り下げたりぶら下げたりするという意味の他、「手綱をかける」のように何かと何かをつなぎ留めておくという意味をもつ。リスクを常に「意識」し続けることは、人間にとって大きな心的負担であり、またそれを持続させることも難しい。すなわちリスクを「気にかける」ということは、日常の暮らしのなかで、ふとしたきっかけでリスクのポテンシャルを想起できる状態を示す。このことに神や妖怪を語ることが大きな役割を果たす。

日本の妖怪文化の大衆化に最も貢献した漫画家の水木しげるは、妖怪をみるということは「みえないものを無理矢理みるということ」だと述べている。本来的に日本人は、自分たちにわざわいをもたらす超自然的存在の姿形を積極的に描いてこなかった。これは妖怪だけでなく、神についても同じである。しかし、自分たちが実際に生きている物理的環境の背後に、みえない存在としての神や妖怪をみようとし、身に降りかかる理不尽で不条理なリスクを「気にかけ」ながら暮らし、さらに自らの行いを律してきた。ここに現代社会における地域防災の重要な知見が含まれている。神社や妖怪・怪異伝承を地域防災のなかで活用していくということは、「みえないものの風景」を多様な人びとが能動的に見出し、来るべきリスクに対して備えることにつながる。

「そなえる」という日本語の語源は、「ソ（十分に）」に「ナフ（行う）」である。これは、「備える」と「供える」の両方の語源である。目にみえない存在としての神や妖怪への供えは、「十分に整える」と「十分に捧げる」という意味をもつ。そのような平常時の行為としての「供え」が、リスク時を想定して適切な行為を選択するための「備え」になる。祈ることを通じて、平常時とリスク時という二つの暮らしの様態をつなぎ止めるのである。

科学的合理性が重視される現代社会において、問題の認識と分析、解決に向けたアプローチは、数値化された客観的データへの依拠が重視される。しかし、災害リスクを含む環境問題と対峙するなかで、科学的合理性のみを追求することは必ずしもよりよい判断と意思決定を導くとは限らない。環境問題はさまざまな要因が複雑に連関しており、因果を明示することは容易ではないからである。因果を解明することばかりに注力すると、「わからないことにどのように対応するか」という問題は置き去りにされてしまう。

本書の挑戦は、わたしたちの思考を支配している近代的合理性を問い直すことであった。近代的合理性は、分からないという状態は克服すべきものだという前提に立ち、全体を個別要素の積み上げとその相関関係から理解しようとする。したがって、何か問題がある時に、そこに直接的な相関が認められなければ、それらは「無関係」であると判断し、正しい解決法を見出せないと考えてしまう恐れもある。しかし、本書で論じてきたように、自然・文化・主観・客観・個人・集団は通態的に連関している。わからないもの、複雑なものをそのまま受け止め、その全体性において理解し、さまざまな意思決定をしていくことができなければ、自然災害と向き合い、持続可能な社会を構築することは難しい。このような問題意識に対して本書では、日本の風土性において人と自然の関わり合いのなかで語り継がれてきた神と妖怪に着目した。これらの超自然的存在についての語りのなかには、矛盾や理不尽を含みながら、複雑な自然環境のなかの資源やリスクと対峙するための多くの知恵が含まれていると考えたからである。

神や妖怪は、明らかになっていること、理性的に理解できることとの「隙間」に存在する。すなわち、わたしたち人間がわからないことと付き合っていくために生み出したきわめて重要な社会装置なのである。自然災害をはじめとするさまざまなリスクに適切に向き合っていくためには、みえないもの、わからないことに向き合うための新たな知性が必要となるだろう。そのような知性のあり方のヒントが、日本の神や妖怪の存在に隠されているのである。神や妖怪が再び躍動感をもって人びとに語られるならば、それはより安全で、安心して、幸せに暮らすことのできる地域社会を実現することにつながるのである。

引用・参考文献

第1章　空間・時間・人間のあいだに立ち現われる風景

Lynch, Kevin "*The Image of the City*" MIT Press, 1960.

大森荘蔵『物と心』ちくま学芸文庫、二〇一五年。

桑子敏雄『環境の哲学』講談社学術文庫、一九九九年。

桑子敏雄『感性の哲学』ＮＨＫブックス、二〇〇一年。

篠原修『土木景観計画』技報堂出版、一九八二年。

篠原修（編）『景観用語辞典　増補改訂版』彰国社、二〇〇七年。

清水真木『新・風景論』筑摩選書、二〇一七年。

中村良夫『土木工学体系一三　景観論』彰国社、一九七七年。

中村良夫『風景学入門』中公新書、一九八二年。

藤井聡「実践的風土論にむけた和辻風土論の超克――近代保守思想に基づく和辻「風土：人間学的考察」の土木工学的批評」『土木学会論文集D』六二巻三号、三三四～三五〇頁、二〇〇六年。

フッサール、Ｅ（著）／立松弘孝（翻訳）『現象学の理念』みすず書房、一九六五年。

ベルク、オギュスタン『風土の日本』ちくま学芸文庫、一九九二年。

ベルク、オギュスタン『風土学序説』筑摩書房、二〇〇二年。

和辻哲郎『風土――人間学的考察』岩波文庫、一九七九年。

和辻哲郎『倫理学二』岩波文庫、二〇〇一年。

第2章　語ることによる災害リスクマネジメント

Austin, J. L. "*How to Do Things with Words*" Harvard University Press, 1975.

Renaud, Fabrice G., Sudmeier-rieux, Karen & Estrella, Marisol, Eds. "*The Role of Ecosystems in Disaster Risk Reduction*" United Nations University Press, 2013.

青木和夫・稲岡耕二・笹山晴生・白藤禮幸（校注）『続日本紀四』岩波書店、一九九五年。

宇治谷孟『続日本紀（中）全現代語訳』講談社学術文庫、一九九二年。

エリザベス、マリ／山﨑麻里子／佐藤翔輔「日本の災害ミュージアム――東日本大震災発生前後の災害を伝える施設の事例観察」『「災害語り継ぎ」に関する研究論文集』（DRI調査研究レポート　五〇巻）、二一～二九頁、二〇二〇年。

オースティン、J・L（著）／坂本百大（翻訳）『言語と行為』大修館書店、一九七八年。

郷土の民話但馬地区編集委員会『郷土の民話――但馬編』兵庫県学校厚生会、一九七三年。

小島憲之・直木孝次郎・西宮一民・蔵中進・毛利正守（校注・訳）『日本書紀一』新編日本古典文学全集Ⅱ、小学館、一九九四年。

小島憲之・直木孝次郎・西宮一民・蔵中進・毛利正守（校注・訳）『日本書紀二』新編日本古典文学全集Ⅲ、小学館、一九九六年。

寒川旭『地震の日本史』中公新書、二〇〇七年。

島谷幸宏・皆川朋子「流域治水から国土再編へ」『河川技術論文集』二七巻、五七五～五七八頁、二〇二一年。

瀬谷今日子「地震災害痕跡と祭祀行為」待兼山考古学論集三、大阪大学考古学研究室、二〇一八年。

寺田寅彦『天災と国防』講談社学術文庫、二〇一一年。

中野幸一（校注・訳）『うつほ物語』新編日本古典文学全集、小学館、一九九九年。

中村幸彦・岡見正雄・阪倉篤義（編）『角川古語大辞典　第二巻』角川書店、一九八四年。

中村幸彦・岡見正雄・阪倉篤義（編）『角川古語大辞典　第五巻』角川書店、一九九九年。

永松伸吾・深澤良信・小林郁雄「なぜ災害語り継ぎがレジリエンスにとって重要なのか」『「災害語り継ぎ」に関する研究論文集』（DRI調査研究レポート　五〇巻）、一～八頁、二〇二〇年。

日本リスク研究学会（編）『リスク学辞典』丸善出版、二〇一九年。

古田尚也「生態系を基盤とした防災・減災の促進に向けて」『BIOCITY』六一巻、二〇一五年。

水野章二『災害と生きる中世』吉川弘文館、二〇二〇年。

室﨑益輝「東日本大震災から見えてきた「減災行政」の課題」『年報行政研究』四八巻、三九～五七頁、二〇一三年。

ルーマン、ニクラス（著）／小松丈晃（翻訳）『リスクの社会学』新泉社、二〇一四年。

第3章　災害リスクを伝達する装置としての妖怪

青木和夫・稲岡耕二・笹山晴生・白藤禮幸（校注）『続日本紀五』岩波書店、一九九八年。

井上円了『妖怪学全集　第一巻』柏書房、一九九九年。

岩井宏實『暮らしのなかの妖怪たち』慶友社、二〇一二年。

宇治谷孟『続日本紀（下）全現代語訳』講談社学術文庫、一九九五年。

香川雅信『江戸の妖怪革命』角川ソフィア文庫、二〇一三年。

京極夏彦「モノ化するコト――怪異と妖怪を巡る妄想」『怪異学の技法』（東アジア恠異学会編）、一七～四五頁、二〇〇三年。

国際日本文化研究センター「怪異・妖怪伝承データベース」（https://www.nichibun.ac.jp/YoukaiDB/）

小松和彦『妖怪文化入門』角川ソフィア文庫、二〇一二年。

小松和彦（監修）／常光徹・山田奨治・飯倉義之（編集）『日本怪異妖怪大事典』東京堂出版、二〇一三年。

小松和彦（編）『進化する妖怪文化研究』せりか書房、二〇一七年。

高谷知佳『「怪異」の政治社会学――室町人の思考をさぐる』講談社選書メチエ、二〇一六年。

柳田國男『妖怪談義』講談社学術文庫、一九七七年。

第4章　妖怪を知的資源として活用した防災教育プログラム

イザ！カエルキャラバン（http://kaeru-caravan.jp/）
岡山市危機管理局：地域防災マップ作成マニュアル（http://www.city.okayama.jp/contents/000290756.pdf）
片田敏孝「子どもたちを守った「姿勢の防災教育」――大津波から生き抜いた釜石市の児童・生徒の主体的行動に学ぶ」『災害情報』一〇号、三七〜四二頁、二〇一二年。
公益社団法人中越防災安全推進機構：防災教育 Switch（http://furusato-bousai.net/about/）
文部科学省「学校防災のための参考資料――「生きる力」を育む防災教育の展開」二〇一三年。
矢守克也「「津波てんでんこ」の四つの意味」『自然災害科学』三一巻一号、三五〜四六頁、二〇一二年。
若尾五雄「河童の荒魂」小松和彦編集『怪異の民俗学三』河出書房出版、二〇〇〇年。

第5章　わざわいへの対応に向けた神社空間の形成経緯

アウエハント、C（著）／小松和彦・中沢新一・飯島吉晴・古家信平（訳）『鯰絵――民俗的想像力の世界』岩波文庫、二〇一三年。

青木和夫・稲岡耕二・笹山晴生・白藤禮幸（校注）『続日本紀三』岩波書店、一九九二年。

飯沼賢司『八幡神とはなにか』角川選書、二〇〇四年。

宇治谷孟『続日本紀（中）全現代語訳』講談社学術文庫、一九九二年。

岡田莊司（編）『日本神道史』吉川弘文館、二〇一〇年。

岡田莊司（編）『事典古代の祭祀と年中行事』吉川弘文館、二〇一九年。

小野良平「用語「鎮守の森」の近代的性格に関する考察」『ランドスケープ研究』七三巻五号、六七一～六七四頁、二〇一〇年。

加藤隆久（編著）『熊野三山信仰辞典』戎光祥出版、一九九八年。

加瀬直弥『古代の神社と神職』吉川弘文館、二〇一八年。

川村湊『牛頭天王と蘇民将来伝説』作品社、二〇〇七年。

小島憲之・直木孝次郎・西宮一民・蔵中進・毛利正守（校注・訳）『日本書紀一』新編日本古典文学全集Ⅱ、小学館、一九九四年。

寒川旭『地震の日本史――大地は何を語るのか　増補版』中公新書、二〇一一年、
社叢学会（編）『そこが知りたい社叢学』神社新報社、二〇二三年。

神社と神道研究会（編）『八幡神社――歴史と伝説』勉誠出版、二〇〇三年。

千田智子『森と建築の空間史――南方熊楠と近代日本』東信堂、二〇〇二年。

薗田稔・橋本政宣『神道史大辞典』吉川弘文館、二〇〇四年。

高田知紀（編著）『地域防災と時間性』ユニオンプレス、二〇二三年。

谷川健一（編）『日本の神々　神社と聖地三』白水社、一九八四年a。

谷川健一（編）『日本の神々　神社と聖地六』白水社、一九八四年b。

谷川健一（編）『日本の神々　神社と聖地一二』白水社、一九八四年c。

逵日出典『八幡神と神仏習合』講談社現代新書、二〇〇七年。

中野幡能（編著）『八幡信仰辞典』戎光祥出版、二〇〇二年。

藤田直子・熊谷洋一・下村彰男「社叢と類義語との比較による神社の屋外空間に対する緑地空間概念に関する研究」『ランドスケープ研究』七〇巻五号、五九一～五九六頁、二〇〇六年。

前橋市教育委員会「国指定天然記念物・岩神の飛石環境整備事業報告書」二〇一六年。

南方熊楠「神社合併反対意見（付録）」『南方熊楠全集七』平凡社、一九七一年。

森田玲『日本の祭と神賑』創元社、二〇一五年。

山口佳紀・神野志隆光（校注・訳）『古事記』新編日本古典文学全集Ⅰ、小学館、一九九七年。

第6章　神社空間の災害リスクポテンシャル

坂本太郎・家永三郎・井上光貞・大野晋（校注）『日本書紀（一）』岩波文庫、一九九四年。

竹内荘市『鎮守の森は今――高知県内二千二百余神社』飛鳥出版室、二〇〇九年。

谷川健一『黒潮の民俗学』筑摩書房、一九七六年。

徳島県神社庁（http://awa-jinjacho.jp/）

三好昭一郎（監修）『日本歴史地名大系三七　徳島県の地名』平凡社、二〇〇〇年。

和歌山県神社庁オフィシャルサイト（https://wakayama-jinjacho.or.jp/）

第7章　神社空間を軸とした防災コミュニティの構築

角川日本地名大辞典編纂委員会『角川日本地名大辞典　全五一巻』角川書店、一九七八～九〇年。

桑子敏雄（編）『日本文化の空間学』東信堂、二〇〇八年。

『日本歴史地名大系　全五〇巻五一冊』平凡社、一九七九～二〇〇四年。

終章　みえないリスクへそなえるために

桑子敏雄『感性の哲学』ＮＨＫブックス、二〇〇一年。

野家啓一『物語の哲学』岩波現代文庫、二〇〇五年。

増井金典『日本語源広辞典』ミネルヴァ書房、二〇一〇年。

その他参考文献

アリストテレス（著）／朴一功（訳）『ニコマコス倫理学』京都大学学術出版会、二〇〇二年。

ギブソン、J・J（著）／古崎敬（訳）『生態学的視覚論』サイエンス社、一九八六年。

片田敏孝『人が死なない防災』集英社新書、二〇一二年。

桑子敏雄（編著）『環境と生命の合意形成マネジメント』東信堂、二〇一七年。

桑子敏雄『風土のなかの神々』筑摩選書、二〇一三年。

櫻井治男『地域神社の宗教学』弘文堂、二〇一〇年。

佐藤信・沖森卓也・矢嶋泉（編著）『風土記――常陸国・出雲国・播磨国・豊後国・肥前国』山川出版社、二〇一六年。

ハイデガー、M（著）／原佑・渡邊二郎（訳）『存在と時間』中公クラシックス、二〇〇三年。

兵庫県神職会（編）『兵庫県神社誌　上中下巻』兵庫県神職会、一九三七年。

兵庫県神社庁神戸市支部（著）『神戸の神社』神戸新聞出版センター、二〇〇〇年。

メルロ＝ポンティ、M（著）／竹内芳郎・小木貞孝（訳）『知覚の現象学』みすず書房、一九六七年。

矢守克也『防災人間科学』東京大学出版会、二〇〇九年。

和歌山県神社庁教化委員会神社誌編集委員会（編）『和歌山県神社誌』和歌山県神社庁、一九九五年。

初出一覧（これ以外は書き下ろし）

高田知紀・近藤綾香「妖怪伝承を知的資源として活用した防災教育プログラムに関する一考察」『土木学会論文集H（教育）』七五巻一号、二〇〜三四頁、二〇一九年。（第3章および第4章）

高田知紀・高見俊英・宇野宏司・辻本剛三・桑子敏雄「延喜式内社に着目した四国沿岸部における神社の配置と津波災害リスクに関する一考察」『土木学会論文集F6（安全問題）』七二巻二号、I一二三〜I一三〇頁、二〇一六年。（第6章）

高田知紀・桑子敏雄「由緒および信仰的意義に着目した神社空間の自然災害リスクに関する研究：和歌山県下の三九八社を対象として」『実践政策学』二巻二号、一四三〜一五〇頁、二〇一六年。（第6章）

高田知紀・藪内佳順・佐藤祐太「神社空間を核とした防災コミュニティの形成プロセスに関する一考察」『土木学会論文集F6（安全問題）』七六巻二号、I一六五〜I一七四頁、二〇二〇年。（第7章）

※本書の内容の一部は、JSPS科研費21K04612の助成を受けたものである。

あとがき

想像もできなかったほどの揺れのなかに突然投げ込まれると、それが地震なのか、もしくは怪奇現象なのかも判断がつかない。わたしが実際にそのような体験をしたのは、一九九五年一月一七日の未明に発生した阪神・淡路大震災の時であった。

当時、中学二年生だったわたしは、神戸市内の実家でいつものように寝ていた。前日まで家族で温泉旅行に出かけており、またいつも通りに学校の授業が始まることを少し憂鬱に思いながら就寝したことを覚えている。自分の部屋で布団のなかで寝ていると、明け方に突然、布団ごと下から突き上げられた。驚いて目を覚ましたわたしは、何が起こっているのかまったくわからなかった。少しして、大きな地鳴りのような音とともに強烈な横揺れが襲ってきた。部屋の外では「パリンパリン」とガラスが割れるような音がずっと鳴っている。その時わたしは、冗談ではなく、本当に「お化けが出た」と考えた。恐怖心を抱きつつ、襖を開けて隣の部屋にいた父親に「お化けや！」と叫んだ。そうすると父親は「お化けちゃう！地震や！」と言った。父のその言葉を聞いてわたしは初めて、その揺れが地震であることを認識した。さらにガラスの割れるような音は、食器棚から皿などが飛び出して床で割れている音だと理解した。

大きな揺れがおさまるかおさまらないかのタイミングで父がとった行動を、わたしは今でも鮮明に思い出すことができる。父は、真っ先にベランダと玄関の扉を開けたのである。わたしはその行動の意図をすぐには理解できなかった。後で父に聞くと、揺れで建物が歪み、扉が開かなくなると閉じ込められる。家のなかで火災やガス漏れなどが発生すると危険だから、まず出口を確保したのだと言う。わたしは、あの凄まじい揺れのなかですぐに安全確保のための行動をとった父にとても感心すると同時に、どうして咄嗟にそのように動けたのだろうかと不思議に思った。

その経験から一六年後の二〇一一年三月一一日、東日本大震災が発生した時、わたしは大学院に在籍しており、研究室でゼミの最中であった。研究室は東京都目黒区大岡山にある一一階建ての建物の最上階にあった。大きく揺れたことは覚えているが、どのような揺れ方であったかはあまり思い出せない。大きな揺れがおさまると同時にわたしは、一六年前の父の行動をすぐに思い出し、研究室の扉を開ける行動をとっていた。阪神・淡路大震災が発生した時のことを常に意識しているわけではない。しかし、その時の光景は何かのきっかけで鮮明によみがえる。このことは、大きな自然災害を経験した人ならばもっている感覚だろう。

平常時の暮らしのなかで、災害リスクへの対応メモのようなものを記憶の引き出しに収納しつつ、いざという時にいつでもそれを引き出せるようにする。わたしは、そのような引き出しをいかに充実させていくかが、自分の大切な人、自分自身の命を守ることにつながるということを実感した。本書で論じてきたのは、そのような災害対応の引き出しを、神と妖怪という超自然的存在に目を向けることによって充実させるための理論や方法論である。

神と妖怪を防災論として位置づける研究を本格的に始めた頃、最初に研究活動を支援していただいたのはＪＲ西日本あんしん社会財団であった。二〇一五年度には「防災・減災に向けた神社および地域伝承の空間特性分析」、二〇一六年度には「防災教育における知的資源としての妖怪伝承の再評価」の研究プロジェクトに助成をいただいた。緒についたばかりでまだ方向性の定まっていない研究に対して、とても励みになる評価をいただいたと感じている。関係者のみなさまにお礼を申し上げたい。

本書のなかで論じた和歌山市・伊達神社における社会実験は、トヨタ財団「南海トラフ巨大地震の防災・減災に向けた伝統的神社空間のもつ価値構造の再構築」による成果である。この研究プロジェクトでは、地質学、考古学、歴史学、神道、水工学、交通計画といった多様な分野の研究者・実践者によって常に刺激的な議論と実践が展開できた。さまざまな面からプロジェクトをサポートしていただいたトヨタ財団のみなさま、およびプロジェクトメンバーである伊達神社の藪内佳順宮司、徳島大学の西山賢一先生、神戸高専の宇野宏司先生、岡山大学の橋本成仁先生、和歌山県の瀬谷今日子さん、和歌山県立文書館の砂川佳子さんに感謝申し上げる。

恩師の桑子敏雄先生には、本書の構想を練る段階から相談に乗っていただいた。まだ出版が具体的に決まっていない時から、「髙田くん、これはおもしろい本になるよ」と言っていただいたことが、わたしの大きな自信となり、文章を書き進める力にもなった。また、研究室の先輩である新潟大学の豊田光世さんからは、プロジェクトや研究会での議論を通じて、環境マネジメントにおける妖怪の位置づけについての多くの示唆をいただいた。

本書を出版することになったきっかけは、法律文化社の田引勝二さんから届いた一通の手紙である。わたしが過去に発表した論文や科研費の報告書を読んでいただき、書籍として世に出すことを提案していただいた。わたし自身、神社・妖怪と防災に関する研究の成果を広く社会に発信できないかと計画を練っていた時期と重なり、すぐにご返事を差し上げた。なによりも、わたしの研究内容に関心を抱き、手紙まで送っていただいたことがとても嬉しかった。

本書の内容の骨格になっているのは、わたしが神戸高専・都市工学科に勤務していた時に、学生とともに取り組んだ研究プロジェクトおよびその成果としての論文である。ゼミや講義での学生との議論を通じて、わたし自身、研究のアイデアを膨らませ、また内容を洗練していくことができた。出会ったすべての学生に感謝するとともに、みんなが社会に出て活躍していることを誇りに思う。

最後に、わたしが健康・健全な状態で研究に打ち込めるのは、家族という心の支えがあってこそである。わたしに、災害時の冷静な行動の重要性を身をもって教えてくれた父は、二〇一六年に他界した。この本を届けたらどんな反応をしたか、今は想像することしかできない。しかしきっと、「おもろいやん」と言ってくれるに違いない。父が最期まで父らしく生きられるようにサポートし、今でも何かとわたしの生活を気にかけてくれている母に、日頃の感謝の気持ちと一緒にこの本を届けたいと思う。そして、日々の暮らしにたくさんの安らぎと適度な刺激を与えてくれる愛猫のこと、妻の美貴に、心から感謝を述べたい。

二〇二三年十一月二十三日

髙田知紀

人名・神名索引

あ　行

か　行

さ　行

事項索引

※「神社」「妖怪」「災害」「津波」「台風」「リスク」「防災」などの語句は頻出するため省略した。

あ 行

か 行

さ　行

た　行

な 行

は 行

ま 行

や 行

ら 行

わ 行

《著者紹介》

高田知紀（たかだ・ともき）

1980年　兵庫県生まれ。
2013年　東京工業大学大学院社会理工学研究科博士後期課程修了。博士（工学）。
神戸市立工業高等専門学校都市工学科准教授などを経て，
現　在　兵庫県立大学自然・環境科学研究所准教授，兵庫県立人と自然の博物館環境計画研究グループ主任研究員（地域マネジメント論，風土論，合意形成学）。
著　書　『自然再生と社会的合意形成』東信堂，2014年。
『環境と生命の合意形成マネジメント』共著，東信堂，2017年。
『神宿る隣の自然――祭祀一体の緑から地域の健全な暮らし方を探る』共著，PHP エディターズ・グループ，2022年。
『地域防災と時間性』編著，ユニオンプレス，2023年。

Horitsu Bunka Sha

神と妖怪の防災学
――「みえないリスク」へのそなえ

2024年 3 月 5 日　初版第 1 刷発行

著　者　高田知紀

発行者　畑　　光

発行所　株式会社 法律文化社
〒603-8053
京都市北区上賀茂岩ヶ垣内町71
電話 075(791)7131　FAX 075(721)8400
https://www.hou-bun.com/

印刷：中村印刷㈱／製本：㈱吉田三誠堂製本所
装幀：奥野　章
ISBN 978-4-589-04321-4